湛庐 CHEERS

与最聪明的人共同进化

HERE COMES EVERYBODY

STRATEGY BITES BACK

战略反击

[加]
亨利·明茨伯格 Henry Mintzberg
布鲁斯·阿尔斯特兰德 Bruce Ahlstrand
约瑟夫·兰佩尔 Joseph Lampel
著

张宝
译

浙江教育出版社·杭州

推荐序

战略管理的底层思辨

吕守升
“战略解码”方法的创建者、
畅销书《战略解码》作者

思辨者明茨伯格

众所周知，古希腊出了不少的哲学家、思想家，有的人特别喜欢“抬杠”，有种打破砂锅问到底的劲头，逮到机会就来场“论辩”。古希腊哲学家苏格拉底，就常被人当成“杠精”，他言语无所顾忌，绝不盲从权威。在当今灿若星河的战略管理学者群里，如果要推选一个学富五车、极具独立思想且有批判精神的世界级大师，非明茨伯格莫属。

美国管理学家加里·哈默（Gary Hamel）在回答“为什么我喜欢亨利·明茨伯格”时，给出了五条理由，其中第一条就说他是世界级的偶像终结者。用通俗的话来说就是，明茨伯格面对别人眼中的“大师”，是敢于质疑和思辨的。

明茨伯格穷其一生都在试图还原战略管理这头“大象”的真实全貌。其著名的作品《战略历程》(*Strategy Safari*)开篇讲道，“我们对战略形成的认识就如同盲人摸象，没有人具有审视整个‘大象’的眼光，每个人都是紧紧抓住战略形成过程的一个局部，而对其他难以触及的部分一无所知”。

如果说《战略历程》是对横跨半个多世纪的战略学说所做的全方位梳理，系统而严谨地展现了各路学派的战略思想精髓，那么作为其姊妹篇的《战略反击》则更像灵动的杂文或散文摘录，用一个个“豆腐块”文章从不同的角度阐述了“战略大象”容易被误解或忽略的侧面。全书精选了不同作者的多篇短文，从七个不同的视角，对不同的战略管理流派和思想做了不同形式的展现。

这些文章就像万花筒，寥寥数语却色彩斑斓，道出不同大师的精彩一瞥。

战略管理 12 问

关于对战略的看法，各种争论由来已久。总结下来，对以下 12 个问题的看法或倾向反映出不同的战略观，可以说是争论的焦点或争议点。

- 战略的本质到底是什么？不是什么？有什么基本特点？
- 好的战略是经过深思熟虑、严谨推敲、反复论证、系统规划出来的，还是因时而变、自然涌现出来的？与此问题相关联的另一个问题是：我们应该花多大的力气去做战略调研和战略规划——是尽可能全面细致、严谨周密、规划长远，还是尽可能地少花钱、少用时、多迭代？
- 战略制定与战略执行是应该紧密相连、密不可分，还是应该分离开来、各自成篇、各归其主？与此相关联的另一个问题是：战略管理应该以什么为核心——是以调研分析、战略设计为中心，还是以战略共识、战略执行与落地为中心？

- 关于战略描述，是追求与时俱进、新颖奇特、高深莫测、词义丰富更好，还是追求简单直接、朴实无华更好？换句话说，战略描述，是应该细致一些，还是应该追求简约，少用一些修辞？
- 战略制定是谁的责任——是 CEO 的责任、战略部门的责任，还是所有管理团队成员的共同责任？ CEO 在战略形成过程中应该发挥怎样的作用？
- 在战略形成过程中，需不需要更多的人参与并发表意见？或者，中层、基层员工是否需要参与到战略议题的讨论中来？
- 在战略抉择中，特别是与产品、市场有关的选择中，在资源有限的情况下，是扬长避短为好，还是补齐短板为好？
- 在战略形成过程中，是否需要依赖战略模型与工具？诸如 SWOT 分析模型、波士顿矩阵、五力模型等经典理论或工具，是否要将它们当成必须遵守的规则？
- 在战略调研与分析中，翔实的统计数据是不是决策的前提条件——“无数据不决策”是否正确？硬数据（有记录、可测量的信息）发挥了怎样的作用？是必不可少、多多益善，还是可有可无，或者根本就不可信？相对于硬数据，软信息是否值得采信？领导人的直觉判断是否值得采信？
- 公司里的战略规划专业人员（本书中称为“幕僚”）和咨询顾问在战略形成过程中应该发挥怎样的作用？ MBA 教学案例在企业做战略规划时有何值得警惕的地方？
- 战略是否应该追求共识？应该在多大程度上追求共识？形成团队共识的关键是什么？
- 战略与组织、人才、文化究竟有着怎样的关联？是先有战略，还是先有组织和人才？

《战略反击》这本书对以上问题都有涉及，只不过有的给出了明确的观点，有的虽然没有给出明确的答案，却透出了作者对传统说法的质疑，隐含着某种倾向。另外，对书中的大部分文章（特别是后半部分），作者及选编者采用的是隐喻甚至讽刺的方式，故意留下想象空间，让读者去思索与回味。也许是我过于愚钝，有的文章实在看不出作者所指何意，不理解为何精选这篇文章，比如书中的“我在动物园学到了战略的真谛”。于是，我去翻看明茨伯格的其他著作，包括《战略历程》及《战略过程：概念、情境与案例》（*The Strategy Process: Concepts, Context and Cases*），方能明白作者背后的深意。

仔细读过、品过，你才能嚼出其中滋味。回头望去，明茨伯格就像远处闪着寒光的一颗星星，让你敬畏。

序言

找找战略的乐子

战略可能会无聊到可怕。咨询顾问比我们这些学者更不懂得委婉和自我放松，而战略规划者则有过之而无不及——每个人都太严肃了。如果这样就能制定出好战略倒也罢了，但结果往往是得到更糟糕的战略——千篇一律、泛泛而谈、令人乏味。战略不仅要提供定位，还要给人鼓舞。因此，令人感到乏味的战略根本就不是战略。

我们熟知的那些最有趣的公司通常都做得很成功，他们的战略可一点都不无聊。他们的战略新颖且有创造力，能够鼓舞人心，有时甚至很好玩。对制定战略这件事他们并没有那么严肃，最终反而得到了非常严谨的结果，而且在此过程中获得了很多乐趣。

因此，本书有个目的，即让战略少一些严肃，从而催生更好的战略。除此之外，为什么就不能开开心心地看一本战略书，换换口味呢！处于现有状态下，战略难道不该“奋起反击”吗？

早些时候，我们三个作者一起写了一本关于战略的严肃的著作，不过书名倒不太严肃，叫“Strategy Safari”[①]。我们拿这个书名四处开玩笑，但实际写作时还是认真梳理并回顾了关于战略的所有严肃的文献。我们觉得自己做得还不错，在此也向你推荐那本书。那本书是为了头脑而作，而现在的这本书则是为了心灵而作。你可能已经注意到了，头脑和心灵是相通的，理性和创造力缺一不可。战略领域已经有那么多聪明的头脑了，本书的编写便是为了填补战略领域里心灵的缺失。

《战略历程》是我们围绕十大学派组织而成的，囊括了从规划到定位、从远景型到冒险型等战略理论。在《战略反击》一书里，我们用了类似的结构，只是换成了说法不同且轻松一些的七大观点。除此之外，这两本书就没什么共同之处了。在本书中，我们不是直接用文字描述，而是通过展示示意图、迹象和视角来提出观点。目前大部分的书都是用文字来描述观点，并默认读者看到文字就懂了。但问题是，读者也可能很快就会忘记。因此，我们会尽可能更直观地展示观点，这样你读过之后就可能再也忘不掉了。

我们搜索和摘录了一些非常有趣的与战略主题相关的文章，篇幅都尽可能短小，大部分文章都不超过三页，我们把这类文章叫作“豆腐块”文章。其中有些是我们从主流资源库里摘取的经典素材，我们还为其补充了实战案例，这些案例往往有出人意料的反转。不过，本书收录更多的是各式各样不同寻常的素材，如诗歌、语录、漫画……无论在资料里找到什么，只要我们觉得它在战略方面能给人启迪，就将它收录其中。我们并不是刻意追求奇奇怪怪的内容，而是想要搜集一些令人眼前一亮的文章，只是这些文章有时看起来很疯狂罢了。请不要忘了，世界上很多伟大的战略最开始看起来都疯狂得很。

我们把另一类文章叫作“机关枪”文章，因为我们觉得没有必要对所有

① 英文书名直译是“战略大冒险”，其中文简体字版的书名为《战略历程》。——译者注

事物都保持客气。我们不是为了批判而批判，但我们并不回避具有真知灼见的批判性素材。随着时间的推移，一些根深蒂固的观念已经失效，有时必须努力把它们推到台前才能引起人们的反思。毫无疑问，战略领域充斥着这类陈旧观念。但我们所持有的一个信念是“战略领域无预言家”。诚然，战略领域很多专家的观点都值得关注，而且我们在本书中对此也有所收录，但他们中没有人是预言家，因为所有的观点都有局限性。你只有以读者的身份，把他们的观点放在一起审视，并与实际情况相结合进行思考，那些观点才会活泛起来，显出用处。加里·哈默对这点曾经直言不讳：“战略这行有个不可告人的小秘密，那就是它根本没有任何战略制定方面的理论。”战略必须是由思维缜密的人创造性地思考出来的。在战略规划过程中，预言家往往无法给企业带来良好的收益。

本书正文最开始是引言，介绍了“战略”这个词的含义，好让你快速进入阅读状态。正文末尾的结语则把你拉回这个追求股东价值的简单粗暴的现实世界。接着是各章的观点。

基于 SWOT 分析模型的战略

我们先从最根深蒂固的战略观点 SWOT 开始。这一观点的核心特质就是像“站在台上的指挥家”一样（这个比喻在管理领域广受好评）。只不过实际上，公司领导者居高临下地发布战略，其他人匆匆“执行”战略。

这一观点的关键在于实现内部“优势”（Strengths）与“劣势”（Weaknesses），以及外部“机遇”（Opportunities）与“威胁”（Threats）之间的契合，因此被称为 SWOT 分析模型。它有很多值得借鉴的地方，本书中的一些“豆腐块”文章中会讲到；它也有很多值得批判的地方，具体参考本书中的“机关枪”文章。毕竟，指挥家也需要彩排，而且彩排不总像现场演出那样顺畅。再者，到底谁是真正的战略规划者呢？是指挥家还是作曲家？

谨慎规划的战略

请打开一份报纸，翻到占星版面。在那里，你的未来被安排得明明白白的。说来也奇怪，接下来的这种战略观点与占星类似，因为它的理论基础是“组织的未来可被预测”。这就是所谓的战略规划，它曾在美国企业中风靡一时。所以，以战略规划为核心，各种各样花哨的工具被发明出来，如大量的检查表、技术、系统等。但是转念一想，占星术不也是这样吗？（有一篇“机关枪”文章会带你好好思考一番。）

好吧，换个角度。战略规划是一件很严肃的事情。有几篇文章会讲到其中的原因，而且还会告诉你：战略规划不是去制定战略，而是规划已有战略的结果。同样，这也是很严肃的事情。

根据计算得出的战略

在这里，战略规划者又进一步变身，从“SWOT负责人”和“规划制定者”化身为“定位分析师”。

哈佛商学院教授迈克尔·波特 (Michael Porter) 是这一观点的重要推进者。他的研究是以咨询公司的一些早期研究为基础的，而咨询公司的研究理论来自2 000多年前的军事战略理论。

这一观点认为，战略可以被简化为“通过系统分析来选择的一般定位”，即在条件为x的情况下，最好做事项y。因此，战略规划者的工作不是制定新战略，而是从经过验证的战略中选择结果最佳的一个。咨询顾问和学者很喜欢这种方式，因为这样他们就可以一头扎进漂亮的硬数据[①]里，然后推销

① 硬数据（hard data）指基于客观存在的事物或现象进行测量和观察的结果，如收入、产量等；与之对应的是软数据，即基于主观判断所得到的统计指标，如信心指数、产品偏好等。——译者注

他们的“科学”真理。不过，对公司来说这样真的有效吗？

以愿景为蓝图的战略

伟大的领导者带着伟大的信息出现在众人面前，而众人却守着偏见得过且过。

在商业世界里，有远见的人通常是开创了一番事业的企业家，但有时也可能是成熟组织中特立独行的人和改革者。他们的视野超越了早期观点的设计、规划和立场，他们拥有一种独特的世界观，即以战略视角看待世界。因此，系统规划和小心谨慎的计算都不再奏效，取而代之的是领导者头脑中的灵感、洞察力和直觉。

传统的咨询顾问、战略规划者和学者不高兴了，因为留给他们的回旋余地太小了。不过反过来，这一观点给我们的发挥余地可是很大的。我们可选的素材很丰富！但是请注意：听信伟大的故事可能会有风险，有时它们的说服力太强了，让人不敢质疑。

头脑里的战略

知道制定战略的人在想什么，这不是很好吗？不过有些研究者，尤其是认知心理学家对此表示担忧。请想想这些勾起人们强烈好奇心的问题：大脑如何产生新想法？如何处理信息？又如何将信息组合成战略？战略在头脑中以什么形式存在——模型？框架？图像？很遗憾，研究者对这些问题研究得还不是很深入，因此它们仍然是谜团。不过，现有的研究已经足够为我们提供不少有趣的观点了。大部分观点跟病理学有关。人的认知过程从来不缺乏扭曲，而且不缺乏学术研究者兴致勃勃地揭示这种扭曲，比如：人们如何对信息产生误解，如何对自身行为失去理智等。

但是，我们的大脑也能做一些了不起的事情，比如将非凡的创造力和整合战略组合在一起，宜家的整个体系就做到了这一点。令人欣喜的是，有些研究者认识到了这一点。他们将战略视为大脑创意的具体演绎。对他们来说，环境不是需要分析的外在给定的事物，而是需要内在构建的事物。我们在“视角 5”这一章把上述两种关于战略思考的不同观念放在一起论述。

走一步看一步的战略

千里之行，始于足下。战略看起来就像电影《碟中谍》中的设定：情况如此错综复杂，主角该从哪儿下手呢？答案就是从迈出第一步开始，先做点什么，什么都行，冒点险嘛！做着做着，你就学到了一些东西；学着学着，你就发展起来了。伟大的战略产生于微小的行动之中。

这一观点可以引申出很多深远的含义，比如“任何人都可以成为战略规划者”。毕竟，任何人都可以迈出第一步。换句话说，任何人都可以提出最初的想法。没人知道伟大的战略会从哪里开始。所以同理，你可以想象我们挑选这一章的“豆腐块”文章和“机关枪”文章时有多大的乐趣。这种“走一步看一步”的方法为战略打开了整个学习世界的大门。

那么，这就是战略的“终极奥义”吗？不是，其他观点也不是。不过这里的文章都非常值得阅读。

有两副面孔的战略

接下来，我们探讨一下战略的阴阳两面：它有阴暗的一面（或者说现实的一面），以及光明的一面。

权力和政治展现了这样一种现实，即战略可能会是狡诈的。想要击垮你的竞争对手并不总是采取客气的经济手段。他们会欺骗你，也会在你背后捅刀子。反过来，你也是个竞争者，除了防守，你也会进攻，而且你还有组织内的同事，他们可能正在耍同样的手段。与此同时，组织里的所有人需要制定共同的战略。难道我们不应该为了共同利益而一起制定战略吗？那为什么每个人都不听“我”的呢？

于是，我们有了两种战略观，即权力观和政治观。权力观认为，组织内的人互相排挤。因此，如果最终形成了战略，那么也是大家在经历过讨价还价、尔虞我诈、内讧等各种不堪之后，互相妥协的结果。政治观则认为，整个组织本身设法采取经济性让位于政治性的战略，从而对外部世界施加影响。

现在，把权力放到镜子前，你所看到的镜像就是文化。其中一方专注于自身利益和分裂，而另一方则反映共同利益和整合——战略是一个根植于文化的社会进程。

20 世纪 80 年代，在日本管理模式得到认可之后，文化成为西方的一个大问题。显然，战略的优势还在于某些难以模仿的因素，而这些因素根植于组织的历史和传统之中。这种观点鼓励组织像编织一幅精美的挂毯那样，将其各种价值观和活动编织成一个严密而独特的战略。不过，后果便是战略也如挂毯一般难以拆分。一旦某一部分（如某根线、某块颜色、某条产品线等）不起作用了，那就可能要把所有东西都扔掉，然后从头开始。

如今，虽然日本可能遇到了经济困难，但其根植于文化的战略所表达出来的信息仍一如既往地切中要害，丝毫不弱于 20 世纪 80 年代的效力。对于这一点，只要跟汽车行业的人聊聊丰田的成功，就能理解了——这家公司的日式管理至今仍然根深蒂固。因此，忽视文化的信息是你的损失。可惜在这个“股东价值至上”的世界，它一直都被大大地忽视了。我们把这个观点放在最后，正是因为我们相信是时候让它重回舞台了。

至此，关于战略的七大观点都已简述完毕。美国智慧的化身、伟大的威尔·罗杰斯（Will Rogers）[①] 说过：“我从没遇到过一个我不喜欢的人。”我们敢说他做到了。不过他的意思是，每个人身上都有可爱之处。同样，每个关于战略的观点也都有可取之处。我们甚至略感惶恐地想说，它们都有可乐之处。那么，让我们开始阅读吧。

本书没有按照线性顺序进行编排。因此，请不要觉得自己必须把所有内容都读一遍。如果你愿意，你甚至可以想怎么看就怎么看。怎么合适怎么来，只要你乐在其中。

美国作家弗朗西斯·斯科特·基·菲茨杰拉德（Francis Scott Key Fitzgerald）曾说：“同时保有两种截然相反的想法还能正常行事，这是一流智慧的标志。”本书讲了七大观点，请注意正常行事！读得开心！

① 美国幽默大师、演员和作家，以其在百老汇和电影中的表演，以及平民形象而闻名，被称为“美国牛仔哲学家”。——译者注

你的公司适合哪种战略?

扫码鉴别正版图书
获取您的专属福利

- 有些人认为战略应该是严肃的，但亨利·明茨伯格主张（ ）

A. 战略可以“奋起反击”，变得有趣

B. 战略必须都是有趣的，否则就会执行不力

C. 战略和是否有趣没有一点关系

D. 没有必要讨论战略的严肃性

扫码获取全部测试题及答案，
一起了解你的公司
适合哪种战略

- 战略需要谨慎规划，但也可以“走一步，看一步”。这是对的吗？（ ）

A. 对

B. 错

- 战略的两副面孔是指（ ）

A. 政治阴暗面和权力阴暗面

B. 文化光明面和权力光明面

C. 权力阴暗面和权力光明面

D. 政治阴暗面和文化光明面

扫描左侧二维码查看本书更多测试题

目录

推荐序　战略管理的底层思辨

序　言　找找战略的乐子

引　言　“战略”的含义　/001

管理流行语的含义　/003
战略排排坐　/007
战略是什么　/011
战略的 5P 模型　/014
当心战略　/017
战略的概念　/019
战略是真实的吗　/021

视角 1　基于 SWOT 分析模型的战略　/025

又一座巴别塔　/027
战略中的百搭“小黑裙”　/030
作为战略规划者的 CEO　/033

管理者应如乐队指挥吗 /035
新龟兔赛跑 /037
一位 MBA 的转变 /041

视角 2　谨慎规划的战略 /045

战略规划革命 /047
杰克·韦尔奇论规划 /051
战略规划的“七宗罪” /053
情景规划 /055
预测：糟糕，错了！ /059
以防万一的计划 /062
“创计划记” /066
如何拟定战略 /068
战略规划与灵活性 /072
管理与魔法 /079

视角 3　根据计算得出的战略 /085

“发射”战略 /088
日本“马桶大战” /100
硬数据的软肋 /103
数字的荣耀 /107
翻转波士顿矩阵 /109

视角 4　以愿景为蓝图的战略 /115

你见或者不见 /117

企业形象的战略 /118
战略思考之“看” /120
眼见一首交响乐 /124
问题的问题 /125
短视的“营销短视症” /126
作为艺术家的 CEO /129
一位企业家的反思 /131
创业与规划 /133
安静的管理 /135
母亲给我上的战略课 /141

视角 5 头脑里的战略 /145

判断的偏见与局限（人类篇） /147
判断的偏见与局限（动物篇） /150
我在动物园学到了战略的真谛 /152
人机大战 /159
像大师一样思考 /162
皇帝的新装 /164
加里·哈默对话安然 CEO /168

视角 6 走一步看一步的战略 /173

优秀的管理者不做政策决策 /175
对成功战略的再思考 /183
英国的摩托车产业怎么了 /189
对本田的反思 /190
假如由蜜蜂和苍蝇来制定战略 /192

战略形成的两种方式 /193
不断学习的战略 /196
上上下下的战略（一） /200
上上下下的战略（二） /203
言其所行 /206
如何进行战略决战 /208
后退几步看看 /210
小牛走过的路 /212

视角 7 有两副面孔的战略 /215

棋子的江湖 /218
蜜蜂的江湖 /219
权力的法则 /220
作为公关行为的战略规划 /224
商业领域的边缘政策 /229
战略与诱惑艺术 /234
战略即文化，文化即战略 /238
摧毁文化的 5 步法 /243
破坏性文化是如何形成的 /244

结　语 最后的精神食粮 /247

做自己身体的 CEO /249
如何优雅地烹饪战略 /253

参考文献 /255

STRATEGY BITES BACK

引言

“战略”的含义

战略就是当弹药用尽时还继续开火，这样敌人就不知道你没子弹了。

——佚名

如有疑，换大锤。

——多宾法则[①]

这门课叫高等物理。也就是说，导师对研究对象也不是很懂。他要是懂的话，这门课就叫基础物理了。

——诺贝尔物理学奖得主路易斯·阿尔瓦雷茨（Luis Alvarez）

IT IS FAR MORE, AND LESS, THAN YOU EVER IMAGINED...

① 这句话是“手里拿着锤子，看什么都像钉子”的延伸，意思是僵化的战略会让组织的行为方式变得死板——只会“抡锤子”，解决不了就“换个大一点的锤子”。——译者注

导读

Strategy
Bites Back

“战略”的含义是什么？这一章会告诉你，它的含义比你想象的要多得多，或少得多。在本章，第一篇文章是“机关枪”文章，它提醒我们管理上的流行语有多空洞。作者是著名的专栏作家，文章没提到战略，但意思你懂的。第二篇文章选自《经济学人》杂志，它用几页纸回顾了战略在几十年间的发展历程，也是对这一领域的简要概括。第三篇是“机关枪”文章，作者是一位著名的专栏作家和经济学家，文章讲的是战略是什么。第四篇文章又严肃起来——用P开头的单词给战略下了5个直接定义。在第五篇、第六篇和第七篇文章中，我们分别给出关于“为什么组织不应该有战略”的3个观点，并以比作为本章的结尾。

如果你认为这几篇文章就是为了把人搞糊涂，那你说对了。这叫作“解冻”，先让你松弛下来，为后面的内容做好准备。好了，“高级战略课”开课喽！

IT IS FAR MORE, AND LESS, THAN YOU EVER IMAGINED...

STRATEGY
BITES BACK

管理流行语的含义

露西·凯拉韦
Lucy Kellaway

词语有什么含义？凯拉韦是《金融时报》的专栏作家，她通过阅读著名咨询公司埃森哲 2002 年的年报，理解了其中几个词的含义。人们认为战略领域也经常（从 1965 年到 2005 年）使用流行语，包括“战略”这个词，所以让我们来听听她是怎么说的。

上周在地铁里，我发现手上除了埃森哲的 2002 年年报就没什么可看的了。当时，伦敦地铁几乎无法正常运行，因此我有很长时间来研究这份年报。到达伦敦桥地铁站时，我对这份年报已经非常了解，程度与那位激情澎湃、水平一流的撰写者不相上下。

年报是一家公司的年终财务状况的简要说明。不过，埃森哲的这份年报还提供了一些少见而又有用的其他信息——对目前的商业用语进行语言学上的简要说明。这份年报在短短几页纸上汇集了最常见的一些商业用语，这使之成为一份珍贵的文件，让后辈得以通过它了解在 2002 年 12 月 31 日前，商业世界的人们是如何思考和写作的。

为了照顾手头没有这份年报，或是喜欢在地铁上看“为什么怪人杰克

（Wacko Jacko）是个好爸爸”之类的花边新闻的读者，我把年报中最常见、任何商业写作都离不开的词和短语列了一个清单。我所感兴趣的不是诸如“业务流程外包能力”之类的词汇——虽然它们构成了这份年报的核心，而是那些我们被反复灌输，直到我们麻木，但根本不知道是什么意思的普通词汇。

- **交付（deliver）**。除了这个动词没别的词能排第一。如果你以为交付的是跟车有关的或宜家需要收费的某样事物，那不好意思，你过时了。埃森哲交付各种各样的东西，但没有一样需要用到车，甚至连自行车都不用。年报封面上写着“交付创新”，这个词看起来很厉害，但其含义极其模棱两可。
  翻开年报你会发现，短短的一段话里有 4 个“交付”。在标题“全球战略性交付方法”下面，我们可以知道，“最终目标是实现有价格竞争力的解决方案的交付”，该目标通过“全球交付中心网络”来达成，而这个网络“强化了成果交付能力”。这似乎有点绕，不过，埃森哲可能要的就是这个效果。
  除此之外，这个词还有一些派生用法，如“应交付的产品”（deliverables）以及“承诺交付的事物”（delivering on something）。其他人的杂货车每周二“交付货物”，而埃森哲“交付伟大的想法”。

- **价值（value）**。埃森哲的年报展示了 101 种“有价值的方法”。你可以“释放和解锁价值”，可以“创造价值”，可以“捕捉价值”，还可以拥有“获取价值的机会”。当然了，要是离开公司时口袋里不带点“价值主张”，那就不太保险了……这些例子里的“价值”都是一个意思吗？是不是太含糊其词，含糊到什么含义也没有了？

- **解决方案（solutions）**。它指的是新的产品和服务，也就是上文所说的“应交付的产品”。2002 年，我针对解决方案热潮写了一篇专栏文章，而这份年报还在生搬硬套。这里仅举几个例子，比如“可扩展解决方案”、“解决方案单元”、“外包解决方案”以及“稳健且可复制的解决方案”等。

- **驱动（to drive）**。我“驱动”的是一辆福特银河轿车，而埃森哲也“驱动”着一堆东西。不过埃森哲“驱动”的东西与轮子无关，它“驱动”增长、新的收入或变革。所有这些“驱动”都给人“一切都在司机的掌控之下”的印象，而情况却并非如此。

- **利用（to leverage）**。这个词已经被滥用了，但还是值得一提。例如，“我们在利用……解决方案方面有着长期成功的业绩”。再如，“我们利用全球规模加大杠杆”。此外，资产和专业技能也是可以利用的。这个动词可能有“做”或者“最大程度使用”的意思，不过我不是很肯定。

- **释放（to unleash）**。在这里，“释放”是个很有用的动词，可以应用于几乎所有积极的活动，如释放创意、价值等。如果你不想用“释放”，也可以换成“解锁”。

- **无与伦比的（unparalleled）**。这个曾风靡一时的词还是那么好用。年报中，它是这样用的:“使我们能够以无与伦比的速度交付创新”。“无与伦比的速度”肯定超过光速了——这才是创新，还是已交付的那种。

- **过往业绩（track record）**。前面不带“过往”，或者没有用“已得到证明的”或“无与伦比的”来修饰，那就别提“业绩”了。

一旦掌握了前面的词语，你就可以写完整的句子了。埃森哲的年报交错使用了时髦的短句，包括公文常用语句、格言等，以及内容较为丰富的长句。你可以参考着先来一句“机不可失，时不再来”，或者“我们正处于动荡的时代”，又或者“为什么选择埃森哲”，让读者误以为他们跟得上你的想法。这个时候，你再朝他们丢过去这么一段：“我们大刀阔斧地赋予外包以重要地位，将其用于拓展我们的全球交付中心网络以及壮大我们称之为‘解决方案劳动力’的员工队伍，以降低科技解决方案的成本。”

以前上英语课时，老师有时会给我一段引自莎士比亚作品的晦涩难懂的文字，让我逐句解析。通常情况下，当我解析完，我会更喜欢那段文字，理解也更深刻。现在正好相反，当我在地铁月台上浏览埃森哲的年报时，我觉得自己明白它要讲什么。但当我把它拆成碎片时，我却没这个信心了，甚至连一个字都看不懂了。

资料来源：“Delivering on Clichés: Accenture's Annual Report Almost Makes Sense - Until You Read it Phrase by Phrase,” *Financial Times*, February 17, 2003, London edition, p. 12.

STRATEGY
BITES BACK

战略排排坐

《经济学人》
The Economist

坐稳了！《经济学人》将用几页纸的篇幅，带我们回顾战略数十年的发展历程。从经典观点到新潮理念，一应俱全。《经济学人》在用词方面还是很谨慎的。

大公司的高管花了大量精力来制定战略，但对于战略是什么却莫衷一是。

没有任何一个话题能像公司战略那样，吸引管理者、咨询顾问以及管理理论家的关注。大公司的高管关注公司战略，这是可以理解的。他们有成群的下属为之效力，巨大的办公桌上井井有条地摆放着内容琐碎的业务报表，他们往往将制定战略视为自己对公司最有价值的贡献。对于“最好的战略是什么样的”这一问题存在许多争议，这也好理解，毕竟，商业是复杂而且是不确定的。事实上，真正令人费解的是，那些争先恐后想给公司出主意的咨询顾问和理论家竟无法就一个最基本问题达成一致。那就是，究竟什么是公司战略？

《哈佛商业评论》20 世纪 90 年代的一篇文章显示，伦敦商学院教授加里·哈默和密歇根大学教授 C. K. 普拉哈拉德（C. K. Prahalad）的许多想法已与过去完全不同。他们认为公司战略的真正功能不是像很多商业人士所认为的那样，将自身资源与机遇相匹配，而是设定目标，从而将公司延展至大多数管理者所认为的可能性边界之外。

战略规划者将战略简化为一句口号的做法是大型公司不做正式规划趋势的典型反映，而这种趋势在过去的 30 年里正加速发展。在此期间，管理理论家就这一主题写了大量的文章，对“公司战略应该包括哪些内容”这一问题提出了诸多标新立异的观点，甚至动摇了整个概念的基础。如今，越来越多的商业人士开始质疑，对整体战略的自觉思考是否会给大型公司带来好处，随时抓住机遇或应对冲击是否更有意义。

第二次世界大战结束后不久，一群新的职业经理人开始寻找经营大型公司的方法与思路。当时，他们借用军事观点形成了最初的战略思想。在此思想的指导下，管理者谈论的多为“进攻”市场和“击败”对手。但很快，这种将经营公司比作带兵打仗的做法就被淘汰了，因为商人们开始意识到，将敌人赶尽杀绝与将对手赶出市场没有任何共通之处。

到了 20 世纪 60 年代，公司战略是指基于对经济和特定市场的详细预测而精心制订的复杂计划。这种观点在以下两部知名著作中都有提及。小艾尔弗雷德·斯隆（Alfred Sloan）的《我在通用汽车的岁月》（*My Years With General Motors*）是一本回忆录，它讲述了作者如何使通用汽车成为世界上最大的工业企业。艾尔弗雷德·钱德勒（Alfred Chandler）的《战略与结构》（*Strategy and Structure*）呈现了美国大型公司的成功史，作者在书中提出，这些公司已经孕育出多部门结构的组织形式。

这种关于战略的观点因多方面因素而名声扫地。很多人将接下来 10 年里过度狂热的多元化以及表现不佳的企业集团的产生归咎于它。到了 20 世纪 70 年代，那些很少做详细规划的日本公司的成功，更进一步让人怀疑这种观点的有用性。与此同时，20 世纪 70 年代两次油价的突然上涨，也使得很多公司不得不放弃原来的计划而重新开始。最能说明问题的是，很多公司发现，他们那包含大量数据和目标的战略计划一旦制订完成，就会被束之高阁。由于忙于经营业务，公司各级管理者中很少有人会再费心翻阅装订精美的公司战略。

80 年代，《竞争战略》（*Competitive Strategy*）这本书问世了，作者是哈佛商学院的经济学家迈克尔·波特。他认为，公司的盈利能力是由公司所处行业的特征以及公司的行业地位所决定的，因此战略也应该由它们所决定。波特运用了产业经济学中常见的分析方法，认为公司的首要任务是找到能够抵御竞争对手的利基市场，要么成为低成本的生产商，要么以能够获得更高利润率的方式实现产品差异化，要么建立技术壁垒阻止新竞争对手的进入。波特的书一经出版立即引起了轰动。

尽管如此，波特的观点却没有对大多数大型公司制定战略的方式造成什么影响。原因之一在于他的著作是描述性的，而非规范性的。他的庞大清单并没有指导公司真正应该做什么或不做什么。每家公司都希望进入门槛高、竞争对手弱并且利润率高的行业，但是很少有公司这么幸运。

几乎就在波特的著作问世的同时，达特茅斯大学塔克商学院教授詹姆斯·奎因（James Quinn）发表了一项关于大型公司如何制定战略的研究成果。他发现大型公司在制定战略的过程中进行了反复试错，并不断根据新的经验来修正战略。他称之为“逻辑渐进主义”（logical incrementalism）。在很多人看来，这有点名不副实，因为这看起来根本没有战略可言，但奎因对此予以断然否认，反而认为将此过程正式化大有裨益。

80 年代最有影响力的战略理论学派注重公司技能的拓展，如产品快速开发、高质量制造、技术创新和服务等，然后找到可以充分利用这些技能的市场。这一观点是哈默和普拉哈拉德 1990 年发表在《哈佛商业评论》的一篇文章里提出来的。

尽管潮流在不断变化，但几十年的理论研究并非一无是处。一家公司如何看待战略，的确在很大程度上取决于它所处的环境。那些决心挑战巨头的小公司可能会发现，将愿望称为“战略”是有帮助的。要维护自身市场支配地位的大公司可能会认为，波特的行业分析很有启发性。所有公司都应该充分利用并打磨自身的技能。然而，通往未来的路不是一成不变的。如果下次你的老板吹嘘他要去开一个战略规划会，那你就向他表示慰问吧。

资料来源：© *The Economist Newspaper Limited*, London (March 20, 1993).

STRATEGY
BITES BACK

战略是什么

约翰·凯
John Kay

阴，然后是阳，再回到阴——或者还是阳？约翰·凯是受人尊敬的专栏作家和著名的经济学家，他在战略流行语上也遇到了困难。

现如今，任何一家有追求的企业都离不开战略。那什么是战略呢？当代学生经常被两个有多种用法的词弄得晕头转向，那就是“战略”（strategy）和“战略性的”（strategic）。

如今，一个普遍的共识是，“战略”这个词是作为“昂贵”的同义词来使用的。我们可以肯定，这就是“战略”一词所要表达的意思，当该术语被用在涉及建议的语境中时尤其如此。不妨来看几个足以说明“战略”有“昂贵”这层意思的例子：“我们是战略顾问”“我们可以帮你制定战略吗”“我为甲公司提供战略方面的咨询服务”等等。这几句话分别可以理解为：“我们收费很高”、“我们希望给您寄去一笔巨额账单”以及“甲公司付给我一大笔钱”。另一个很有用的术语叫作“战略周末”（strategy weekend），意思是一大群人在一家乡村酒店里大吃大喝。

"战略意味着昂贵"这句话还是理解"战略性投资""战略性收购"这类短语的关键。"这是一项战略性投资"应该理解为"我们会在这个项目上投入很多钱";"这是一次战略性收购"的意思是"我们给这家公司开的价比它自身的价值高多了"。

"战略"这个词通常还可以用来表示"重要"的意思。这一点可以在"我是做战略的"这句话中体现出来。它的意思是"我的办公室很大，薪水很高，我说的话高层都得听"。"这个建议挺有意思，不过它有什么战略性意义？"这句话可以理解为"我不会在这样的事情上浪费时间"。另外，当财务部门、人力资源部门以及公共关系部门的员工解释为什么自己需要参与公司的战略规划时，其实他们想说的就是自己没有得到足够的重视。

"战略"还有另一层含义，它与"战略意味着重要"这层含义非常接近，但不尽相同。那就是，战略是公司高层做的事。因此，"甲先生处理战略性问题，而乙女士负责运营"这句话的意思是，"甲先生的薪水比乙女士高得多，股票期权也多得多"。当然了，重要性是个相对的概念，具体要看所处的公司环境。从含义上看，重要的事情就是重要人物所做的事情，而经营公司未必就是重要的。

这种用法在"战略"的另一层含义中得到了体现，即"战略"跟公司收购和出售有关。这种解读在伦敦金融城几乎是普遍的。比如，"我们不理解甲公司的战略"，意思是说"我们没听说过或者没人雇用我们去做跟甲公司有关的任何交易"。又如，"乙公司没有战略"的意思是"这家公司最近还没购买过或出售过任何公司"。这一概念也反映在一个术语上，即"公司活动"（corporate activity），其内容涵盖财务重组和收购。与"公司活动"相对的是"公司不活动"（corporate inactivity），描述的是公司的其他运营活动，比如制造产品、鼓励消费者购买产品等。

在当今的商业世界，"战略"这个话题比其他任何话题都空洞。我写下这句话的同时也心存疑虑，因为空洞的东西太多太多。不过，对公司来说，战略是一个真正的问题，也是一个真正的课题。由于战略的基础是差异化的能力，因此没有什么战略是通用的。“战略”有很多种解释，而适合你的才是“真正的战略”。

资料来源： *Financial Times*, August 5, 1998.

战略的 5P 模型

亨利·明茨伯格
Henry Mintzberg

有人试图把这一切理出个头绪。不开玩笑！请看战略的 5 个定义（其英文单词的首字母都是 P）。

战略是一种计划（Plan）。无论你问谁，几乎所有人都会说，战略是一种计划。这种计划可以说是某种有意识的行动方案，或是一套可以用来处理某种情况的指导方针。一个小孩有翻过围栏的“战略”，而一家公司也有开拓市场的战略。根据这一定义，战略有两个基本特征：有意识性和有目的性。

战略是一种计谋（Ploy）。作为计划，战略也可以是一种计谋，一种为了智胜对手或竞争者而采取的具体权术。小孩可以在围栏上耍个计谋，把欺负他的坏小子引到院子里——殊不知内有恶犬。同样，企业可以宣称要扩大工厂产能，从而打消竞争者建立新工厂的念头。在这里，真正的战略（也就是计划的真正意图）是威胁，而不是扩张本身。这就是计谋。

战略是一种模式（Pattern）。如果战略是有计划性的（无论是总体计划还是具体计谋），那么它就应该能得以实现。换句话说，仅仅将战略定义为计划是不够充分的，我们还需要一个包含行为结果的定义。因此，我们提出了第三个定义：战略是一种模式。具体来说，战略是在一系列行为中显现出来的模式。根据这个定义，战略是行为的一致性，无论是有意的还是无意的。套用 18 世纪英国哲学家大卫·休谟（David Hume）的话来说，战略可能来自人类行为，而非人类设计。我们可以称之为“应急”（emergent）战略——模式的实现不是预期的。换句话说，战略可以是自然形成的，也可以是人为制定的。因此，好的战略也未必是人有意识、有目的地制定出来的。

战略是一种定位（Position）。具体来说，战略是确定组织在其环境中所处位置的一种手段。用生态学的术语来说，战略就是找准企业的“生态位”；用管理学术语来说，战略是确定企业所要占据的细分市场。明确与竞争对手有关的定位是非常有用的。在军事上也是如此，因为确定了位置也就确定了战场。

战略是一种观念（Perspective）。定位是向外看，力图确定组织在外部环境中的位置；而观念是把目光放在组织内部，确切地说是在战略规划者的头脑中。在这里，战略成为感知世界的固有方式。例如，有些组织是积极进取的先驱者，而另一些组织则在自己周围建立起保护壳。从这个角度来说，战略之于组织的意义，就像性格之于个人的意义一样。

以上每一个定义都为我们理解战略增加了重要元素，这其实是鼓励我们从总体上解决组织的基本问题。

- 作为计划，战略解决领导者如何为组织确立方向，如何让组织按照预定的行动方案运行的问题。

- 作为计谋，战略把我们带入运用威胁、假动作等手段来取得优势的直接竞争领域。这就将战略的形成过程置于极具动态的环境之中，也就是说任何行动都会引发相应的反制等。

- 作为模式，战略专注于行动，它提醒我们，如果不把行为考虑在内，战略就是一个空洞的概念。

- 作为定位，战略鼓励我们着眼于组织所处的背景环境，特别是竞争环境，即组织如何选择并保护其产品和市场，从而避免竞争、应对竞争或颠覆竞争。

- 作为观念，战略针对集体环境中的意图和行为提出了一些耐人寻味的问题。

资料来源：© 1987, by The Regents of the University of California. Henry Mintzberg, "The Strategy Concept 1: Five Ps for Strategy" *California Management Review*, Vol 30, No 1.

STRATEGY
BITES BACK

当心战略

A. 英克彭
A. Inkpen
N. 乔杜里
N. Choudhury

战略不一定是个好东西，所以我们推荐两篇观点不同的文章“当心战略”和“战略的概念”。

战略缺失不一定要与组织失败关联起来，有意的战略缺失可以提升组织的灵活性。相反，那些控制严格、对正式程序高度依赖并且疯狂追求一致性的组织，可能会失去试验和创新的能力。

管理层可以利用战略的缺失向内外利益相关者发出明确信号。例如，很多文章都写道，纽柯钢铁公司（Nucor）[①] 不屑于建立正式的计划体系，它依赖于组织内各个层级的行动一致性。纽柯钢铁公司没有书面的战略性计划，没有书面的目标，也没有使命宣言。对纽柯公司来说，这些所谓的战略要素的缺失，恰恰象征着纽柯钢铁公司致力于成为一家朴实无华、非官僚化的组织。

缺乏严格的战略决策模式，可以确保将“噪声”保留在组织体系之内。

① 纽柯钢铁公司总部位于美国北卡罗来纳州夏洛特市，主要制造和销售钢铁产品，是美国最大的钢铁制造商之一。——译者注

一旦没有了“噪声”，战略可能就会成为一剂专门用来降低组织灵活性，阻碍学习和适应变化的毒药方。

资料来源：A. Inkpen and N. Choudhury, “The Seeking of Strategy Where It Is Not: Toward a Theory of Strategy Absence”, *Strategic Management Journal* Vol. 16, 1995: pp. 313-323 © 1995, John Wiley & Sons Limited.

STRATEGY
BITES BACK

战略的概念

亨利·明茨伯格
Henry Mintzberg

战略对于组织的作用就像眼罩对于赛马[①]的作用一样——它们都让对方保持直线行进，但都限制了对方的视野。由于力量集中并且各部分的注意力都被引导在一个统一的整体之中，所以组织面临着无法在必要时改变战略的风险。在未知水域里，船只沿着预定的航线航行最容易直接撞上冰山。有时最好移动得慢一些，一次移动一点，不要向前看得太远，但要非常小心。这样，航线就可以在一瞬间改变。此外，人们并不总是清楚什么是好的战略，甚至人们也在考虑如果没有既定战略的束缚，结果会不会更好。

有时，缺少战略是暂时的甚至是必要的。例如，缺少战略可能只是代表了一个从过时的战略向更可行的新战略过渡的阶段；或者可能反映了这样一个事实：面对动态的环境，短期内确定任何行动的一致性都是愚蠢的。

同所有理论一样，战略是一种对现实进行必要扭曲的简化。战略和理论并不是现实本身，而只是现实在头脑中的反映，是一种抽象概念。因此，每一种战略都势必或多或少误传和滥用一些刺激因素。

---

① 给赛马佩戴眼罩的主要作用是对赛马的视野进行控制，排除干扰，从而让马匹在比赛中能集中注意力。——译者注

最终，所有的情况都会改变，环境变得不稳定，利基市场也会消失。于是，既定战略变成了负担。这就是为什么尽管战略的概念是根植于稳定性，但是也还是会有那么多的战略研究关注动态性。

资料来源：© 1987, by The Regents of the University of California. Adapted from the *California Management Review*, “The Strategy Concept II: Another Look at Why Organizations Need Strategies” by Henry Mintzberg, Vol 30, No 1. By permission of the Regents.

STRATEGY
BITES BACK

战略是真实的吗

布鲁斯·阿尔斯特兰德
Bruce Ahlstrand
亨利·明茨伯格
Henry Mintzberg

战略是真实的吗？战略可能并不真实。这让本书和我们所有人（作者和读者）都产生了疑问。战略向来被视为某种真实的东西，可以称之为概念性的人造物。因此，人们举行研讨会来“决定”战略，聘请咨询顾问来制定战略，让 CEO 们向董事会介绍战略，并且通过案例研究让学生来学习战略。这样我们就得到了这些被称作“战略”的概念性的人造物。

我们想把事情搞清楚。的确，我们听说过各种战略，而且它们都经过了巧妙构思和阐述。不过，我们也听说过太多战略失败的故事。美国商业作家沃尔特·基希勒（Walter Kiechel）在《财富》杂志任职时写过一篇研究报告，他发现只有 10% 的战略能成功执行。汤姆·彼得斯（Tom Peters）称这个数字“极度夸张”。

当然，失败的原因几乎总是归咎于执行。“开药方”的战略规划者会说，我们的战略很高明，问题出在你们这些执行战略的笨蛋身上。不过笨蛋们可能会答道：你们这些战略规划者要是那么高明，怎么不制定我们这些笨蛋也能执行的战略呢？然而，问题的产生可能存在更深层的原因，即制定和执行的分离。组织不会停滞不前，它是不断发展的动态实体，所以战略不像建筑物那样有完工的时候。战略是“在制品”（works-in-progress），一直在变化。

因此，它的结构必须是流动的，它的壁垒必须是可渗透的。公司高层不能像建筑师把图纸交给建筑商去施工那样，只是把战略交给他人去执行。换句话说，战略必须是动态的，因此相关人等最好能够密切地、持续地与之打交道。这就是战略实施过程无法在课堂或咨询研究过程中得到复制的原因。出自咨询公司办公室或是案例教学课堂，甚至是行政套房里的战略，往往很难成功，因为真正的战略关注的是活生生的客户、动态的市场以及不断发展的科技，而不是抽象的优势、劣势、机遇和威胁。

唐纳德·舍恩（Donald Schön）[①] 曾把设计描述为一种与情境的亲密对话，而对话的执行人是拥有坚定信念、渊博知识并且不懈追求改进的人。这与“专家们”寻找正确答案（即通用战略）的做法大为不同。

这种“战略人造观”具象化了战略，将其转化成人为的、有形的东西。同时，它还把战略放到神坛之上，遥不可及。有谁能对刻在神坛上的崇高目标和大胆意图提出尖锐的问题？对一个渴望花哨战略的商业媒体来说，这些目标和意图可能看起来不错；甚至对一个消息不灵通、不愿意履行职责的董事会来说也是如此。那么，这些战略能让其他人做得更好吗？我们是否应该放弃战略，转而聚焦于真正重要的事情？比如：产品、服务、客户、市场以及它们的组合方式。或者我们是否应该停止对战略的迷恋？

① 唐纳德·舍恩是美国当代教育家、哲学家，美国“反思性教学”思想的重要倡导人，他与人合著的经典作品《组织学习（完整纪念版）》深度揭示了企业提高学习力、创建竞争优势的理论、方法和实践，其中文简体字版已由湛庐引进，天津科学技术出版社在 2021 年出版。——编者注

这是优势、劣势、机遇还是威胁?

资料来源:© Mark Litzler. Originally published in *Management Review*, July 1995: American Management Association.

STRATEGY BITES BACK

视角 1

基于 SWOT 分析模型的战略

要么找一条路，要么开一条路。

——汉尼拔[①]

事情应该尽可能简单，但不能过于简单。

——爱因斯坦

IT IS FAR MORE, AND LESS, THAN YOU EVER IMAGINED...

① 汉尼拔，北非古国迦太基统帅、行政官，军事家、战略家，被誉为“战略之父”，是欧洲历史上最伟大的军事统帅之一。——译者注

导读

Strategy Bites Back

假如我们把战略比作古典音乐，那么首先可以把 CEO 尊称为作曲家。的确，如果再加上一点点戏剧，这就成了一部气势恢宏的史诗级歌剧：进行曲和各种情节充斥其中，逐渐推动高潮的到来。

这里的战略是根据有意识的设计制定出来的。它是有意的、有目的的、控制性的。

实现这几点的关键就是 SWOT 分析模型。它是如此简单、如此强大：它可以帮助组织建立优势、纠正劣势、抓住机遇，然后规避环境中的威胁。世界各地的教授都曾在这个小小的模型上忙活好一阵，更不用说咨询顾问和规划者了。教授们用 SWOT 分析模型填满了数不清的黑板和幻灯片，而他们的学生则用其“解决”了数百个案例研究。SWOT 分析模型在 20 世纪 60 年代由哈佛商学院率先采用，从某种意义上说，哈佛商学院通过在案例研究法上建立起自己的优势，从而寻求 SWOT 分析法上的机遇，以此来推行自己的战略。这样做对战略有帮助吗？当然有，但是也存在问题。

我们从众多故事开始的地方（巴别塔）开始——不是引申义上的巴别塔，而是本来的那座。战略领域的巴别塔只是对漫长历史的重复。然后是一篇关于“小黑裙”的迷人作品，它生动地展示了优秀、简约的设计在战略和时尚上的力量。接下来，战略领域最著名的“大师”告诉我们：为什么作为战略规划者的 CEO 是如此重要。但 CEO 是战略乐队的指挥吗？

接下来的两篇文章都是虚构的故事，它们提出以下议题：一篇提到，相对于优势和劣势，咨询顾问更倾向于威胁和机遇；另一篇则虚构了一个做案例研究的学生，他听信了哈佛商学院的话，然后“还施彼身”。

STRATEGY
BITES BACK

又一座巴别塔

约瑟夫·兰佩尔
Joseph Lampel

在这本书快要写成的时候，作者之一的兰佩尔拿出了这篇短小的珍品。如何更好地解释SWOT分析模型？把战略当作自己的“巴别塔”。

现在，整个地球只有一种语言，几乎没有文字。人们往东方迁移的时候，在示拿地[①]遇见一片平原，就住在那里。他们彼此商量说：“来吧，我们要制砖，把砖烧透了。”他们就拿砖当石头，又拿石漆当灰泥。他们说：“来吧，我们要建造一座城和一座塔，塔顶通天，为要传扬我们的名，免得我们分散在全地上。”

让我们一起来分析一下前述人们的做法。[②]

优势：

- 我们说同样的语言。

①《圣经》中提到的地名，示拿意为吼狮之地，源于希伯来语，以此代指巴比伦，后改称为巴别。另译作希纳尔，即苏美尔或巴比伦尼亚地区。——译者注

② 作者借用SWOT分析中常见的概念，来描述“建造巴别塔”这一虚构场景下的优势、劣势、机遇与威胁。——译者注

- 这里是美索不达米亚[①]的娱乐之都。
- 我们有 400 亿法老债券[②]。
- 我们与甲骨文公司签了 5 年的独家合同。

劣势：

- 我们的管理体系是以指挥与控制为导向的，几乎没有发挥主动性的余地。
- 我们其实没有塔式建筑设计方面的能力。
- 我们的砖质量很好，但我们的灰泥是新月沃地[③]地区最差的。

机遇：

- 我们可以从事塔式建筑业务。
- 这将使我们在整个美索不达米亚拥有可持续的竞争优势。
- 我们给骆驼商队提供一个很高级的地方。
- 塔顶有利于天气预报和天文观测。
- 这将使我们在整个美索不达米亚拥有可持续的利益。
- 我们可以在顶层建一个旋转花园，然后通过婚礼和受戒礼[④]业务来获得可观的收入。

威胁：

- 住宅建设所需的砖块的生产将会受到限制。

---

① 古希腊对两河流域的称谓，意为两河之间的土地，两河指幼发拉底河与底格里斯河。——译者注

② 法老债券应该是借用了美国国债或美元的概念。——译者注

③ 指中东两河流域及附近一连串肥沃的土地。——译者注

④ 犹太男子年满 13 岁时举行的成人仪式。——译者注

- 维护费用极其高昂。
- 这将引发一场与尼维纳（Nivena）[①] 的造塔比赛。
- 上帝可能会不高兴。

① 未查到相关资料，推测为作者虚构的古地名或古国名。——译者注

战略中的百搭“小黑裙”

珍妮·利特卡
Jeanne Liedtka

请想象一下对一条小黑裙进行SWOT分析：它的优势是美，劣势是有点暴露，机遇是可以幻想，威胁也因幻想而起。利特卡是弗吉尼亚大学达顿商学院的教授，推崇战略设计。她为本书写了下面这篇可爱的小短文，讲的是可可·香奈儿（Coco Chanel）设计的持久魅力：保持基本、保持纯粹、保持简单。

人们把20世纪伟大的设计之一——小黑裙的“发明”归功于可可·香奈儿。对战略制定者来说，其中的经验启示意义深远。小黑裙的设计灵感来源于20世纪20年代巴黎用人所穿的制服，它一经问世，很快便以惊人的耐用性设计在以变化无常著称的女性时尚界确立了自己的地位。任何人想要理解一份精心设计的商业战略应该具有什么样的品质，都最好先搞清楚香奈儿设计的持久魅力在哪里。

小黑裙最引人注目的地方是它的简约性。小黑裙没有过度的设计、过多的装饰或加入众多色彩。相反，它仅仅提供了一块黑色的画布，由穿着者根据当下的需要来搭配和调整：戴上珍珠项链、穿上高跟鞋就是盛装；围上亮色的围巾、穿上平底鞋就是便装。无尽的可能性使得小黑裙成为女性衣橱中最实用的单品。它几乎适用于任何场合，具有惊人的多功能性。

不过，如果只看到小黑裙的实用性，以为它只是一块单调的空白画布，等着有人来上色，那将暴露出他们对更高的品质的无知。事实上，小黑裙已超越了单纯的简约，实现了优雅——无论是时尚意义上的，还是理论意义上的。作为设计，小黑裙是克制的。它既不缺乏任何必要的元素，也不包含任何无关的成分。正如《小王子》作者安托万·德·圣·埃克苏佩里（Antonine de Saint-Exupéry）所指出的：实现优雅的设计并不在于无以复加，而在于无从删减。当然，他指的是飞机，而非小王子。

然而，小黑裙的魅力故事还是不完整。尽管它具有实用性、多功能和优雅等品质，但这还不足以解释这样一款灵感取自用人制服，颜色只能与哀悼相关联的黑色设计，何以在追求潮流的终极领域保持了惊人的 70 多年的主导地位而未受到挑战！同样令人困惑的是，为什么还没有大量的论文来破解这个谜团。

我相信这个谜团的最后一块在于设计的变革性。女人穿上小黑裙时，变得更像她渴望成为的女人：更苗条、更性感、更成熟。她的气质得到了提升——以一种她可以引以为傲的、诚实的、不张扬的方式。香奈儿的设计天赋不仅体现在她选择了简单的剪裁和显瘦的颜色，还在于她率先在小黑裙中使用了一种新面料，即平纹针织面料[①]。香奈儿的针织面料黑裙是飘逸的，不像其他裙子那样贴在身上；是柔软的，不像其他裙子那样发硬；是性感的，但又不像其他裙子那样风骚。其结果是惊人的——简约、多功能以及成熟的性感都在一条小黑裙上合为一体。它创造了一种魔力，在过去的一个世纪里，很少有西方女性能够抵御住这种魔力。

用小黑裙模式设计出来的商业战略会是什么样呢？它们当然会是简单而优雅的，既不会因创造者能力有限而令人费解，也不会像一些使命宣言一样陈腐和浅薄。他们会避开潮流，专注于具有持久性的基本元素，结合多功能

---

① 这种面料以往主要用于制作男士内衣、运动衫等，不适合贴身剪裁。——译者注

性和开放性，允许“穿着者”加入自认为适合眼前场合的装饰品。也许最重要的是，工作时穿上小黑裙，我们的自我感觉会更好，而且让我们感觉良好的因素并不是什么虚伪又浮夸的东西，而是“润物细无声”的东西。它既强调我们的优点，也承认我们的缺陷。所有这些都是为了给我们带来希望，从而迎接一个更好（更苗条）的明天。

这样一来，这些战略所讲述的故事听起来就耳熟了，同时它又将主题阐述得新鲜而令人兴奋，甚至可能让我们都觉得有点欢腾——相信自己，对新的冒险持开放的态度，做好与特别的东西不期而遇的准备。如果一条小黑裙能够做到这一切，一个商业战略又有什么理由做不到呢？

作为战略规划者的 CEO

迈克尔·波特
Michael Porter

哈佛商学院教授波特在这篇文章中提出，伟大的战略是一份事业，而 CEO 必须领导这份事业。

一个组织的首席战略规划者必须是领导者，即 CEO。很多商业思维都强调授权、自上而下的推动和让众人参与。这很重要，但授权和参与并不适用于最终的决策行为。要想取得成功，组织必须有一个非常强大的领导者。领导者应愿意做出决策并权衡利弊。我发现，真正优秀的战略和真正强大的领导者之间有着惊人的关联性。

这并不意味着领导者必须制定出战略。在每个组织的某个时刻，都必须有一个基本的创新行为，即有人预测出还没人做过的新活动。有些领导者的确精通于此，但这种能力并不普遍。对领导者来说，更关键的工作是提供纪律要求和黏合剂，从而长时间维持这种独特的地位。

从另一个角度来看，领导者必须是权衡利弊的守卫者。任何组织每天都会涌现出成千上万个点子，它们来自员工的建议、顾客的要求、供应商的销售意图等。所有这些输入进来的信息，99% 与组织的战略不一致。

伟大的领导者能够让权衡的结果得到施行："对，如果我们能在西南航空公司的航班上提供餐食，那就太棒了。但我们如果这样做，就不符合低成本战略的要求。另外，这会让我们看起来跟美国联合航空一样，而美国联合航空在提供餐食方面做得不比我们差。"与此同时，伟大的领导者明白，战略不应死板、僵化或被动，它关乎一家公司的持续优化。因此，伟大的领导者可以在营造紧迫感和前进感的同时，坚持一个明确而持续的方向。

领导者还必须确保每个人都理解战略。过去人们认为战略是只有公司高层才明白的神秘愿景，但这违背了战略最基本的目的，即让每个人都了解组织每天要做的事情，并确保这些事情都朝向同一个基本方向。

如果组织中的人不明白公司有哪些与众不同之处，不明白与竞争对手相比，它是如何创造价值的，那他们在面对选择时就无法做出正确的决定。每个销售人员都必须了解公司战略，否则他就无法分辨哪些是重点客户；每个工程师都必须理解战略，否则他就不知道该构建什么。

我认识的卓越的 CEO 都是老师，而他们教授的核心课程便是战略。他们向员工、供应商、客户反复强调，"我们的战略是这个，我们的战略是这个"。于是每个人都理解了这一点。这就是领导者的工作。在大公司里，战略是一项事业。因为战略就是要与众不同。因此，如果有了一个真正伟大的战略，员工会大受鼓舞："我们不是一家普通的航空公司，我们将为世界带来新事物。"

资料来源：Keith Hammonds © 2004 Gruner + Jahr USA Publishing. 1 Ed., *Fast Company* Magazine.①

---

① 本文摘自基思 · 哈蒙兹（Keith H. Hammonds）署名的文章《迈克尔 · 波特的大想法》（Michael Porter's Big Ideas），这篇文章的内容来自作者与波特的电子邮件采访。——译者注

STRATEGY
BITES BACK

管理者应如乐队指挥吗

管理者好比交响乐队的指挥，通过指挥的努力、想象力和领导力，那些单独演奏时声音嘈杂、刺耳的各种乐器，就汇成了鲜活的乐章。不过，指挥有乐谱，而且拥有唯一的解释权。管理者既是作曲家，也是指挥家。

彼得·德鲁克

《管理的实践》(*The Practice of Management*)

在我们进行研究之前，我一直认为CEO像乐队指挥那样高高在上。现在，从某些方面来说，我倾向于把他视为木偶戏中的木偶，背后有成百上千的人拉着线，强迫他以这样或那样的方式在台前表演。

苏恩·卡尔森(Sune Carlson)

《执行行为》(*Executive Behavior*)

管理者就像一个交响乐队的指挥，在努力维持一场和谐动听的演出。在这场演出中，各种乐器的模式和节奏经过协调而变得有序。与此同时，场上场下却状况不断：乐队成员要克服各种各样的个人困难，舞台工作人员要移动乐谱台，室内过冷或过热都会给观众和乐器带来影响，而音乐会的主办方还坚持对节目进行非理性的调整。

伦纳德·塞尔斯（Leonard Sayles）
《管理行为》（*Managerial Behavior*）

STRATEGY
BITES BACK

新龟兔赛跑

约翰·凯
John Kay

机遇与威胁的确存在，但优势与劣势呢？约翰·凯改编了一则著名寓言并提出了上述问题。客户们可要注意了，咨询顾问也会SWOT分析哟！

从前，有一只乌龟住在一片大平原边上的沼泽里。这只乌龟背着一个有着迷人光泽的硬壳，已经在沼泽里生活了好多年。

然而，乌龟并不高兴。它的痛苦来自平原动物们经常组织的田径比赛。虽然乌龟在某些项目上表现不错，比如捉迷藏和林波舞（limbo dancing）[①]，但赛跑就不擅长了。无论是百米赛跑还是越野赛跑，乌龟每次都被其他选手远远地甩在后面，尤其是兔子。

怎么办呢？跟所有不确定下一步该怎么办的人一样，乌龟向一家管理咨询公司寻求帮助。它征求了“波士顿、麦克贝尼和巴特森”公司[②]的意见，

① 发源于西印度群岛地区的杂技性舞蹈，需要舞者仰身向后穿过距地面很低的横杆等障碍物。常见于综艺节目中。——译者注

② 作者虚构的咨询公司，应该是隐喻波士顿、麦肯锡和贝恩这样的顶级咨询公司。——译者注

这是倍受业界尊敬的公司。没过几天，乌龟就被一群毕业于顶尖商学院的年轻 MBA 团团围住了。他们测量了乌龟的尺寸和移动方式，并对其他乌龟以及兔子进行了深入的访谈。最重要的是，他们认真倾听了乌龟的心事。

一轮密集的评估过后，“波士顿、麦克贝尼和巴特森”公司的顾问去准备他们的应对之策了。不久，顾问们带着研究结果回来了，他们还带来了公司的一位高级合伙人和一辆装满视听设备的厢式货车。

他们的讲演从诊断问题开始。他们指出，乌龟不断输掉比赛的原因是乌龟不能跑得和兔子一样快。他们用几页幻灯片阐述了这个观点，然后在末尾放上一段显示兔子不断超过乌龟的视频。乌龟被深深地打动了。“我明白了，”它心想，“怪不得这些年轻人的薪水那么高，因为他们已经学会倾听客户的声音，并准确地抓住了客户所关心的问题的本质”。

不过后面还有更妙的。顾问们接着解释为什么乌龟不能跑得和兔子一样快，那是因为乌龟腿短而且身子重。当他们把乌龟和兔子的示意图并排显示在屏幕上时，一切毋庸置疑。兔子的腿要长得多，而且身材瘦削。

听到这里，乌龟高兴得直打滚。这些人不像某些顾问那样，只是把你告诉他们的话再转述给你。相比之下，他们做了一张漂亮的总结性示意图，用一条轴呈现腿的长度，另一条轴呈现体重。轴上最佳的位置是长腿、低体重这两点的交叉位置；最糟糕的是短腿、高体重。在这幅图上，兔子在一个框里，而乌龟在另一个框里；还有一个箭头，显示乌龟需要如何移动，或者像顾问说的那样，再造自己来抵达最佳位置。“太符合实际了！太有见地了！”乌龟高兴地哈哈大笑。

最后，灯光暗了下来，顾问们转到咨询建议的部分。他们给乌龟看了一张美洲豹的图片。美洲豹优雅的双腿和纤细的身躯让乌龟屏住了呼吸。同样让乌龟屏住呼吸的还有他们放的视频，里面展现了美洲豹在平原上跳跃奔跑的姿态，它把兔子远远甩在身后。顾问们解释说，乌龟要做的是把自己变成一只美洲豹。腿短只是问题的表面，对乌龟来说，成功的真正障碍在于它受到了想象力的限制。顾问们表示，在当今环境下，许多生物都深受这种限制之苦，但有许多生物在“波士顿、麦克贝尼和巴特森”公司的帮助下，突破了这种限制。

顾问们在离开的时候留下了他们的发票，金额相当大，但是乌龟的第一反应是这笔钱花得很值。然而，几天后，一些疑问开始在乌龟内心深处蔓延开来，连它厚厚的龟壳也无法抵挡。最后，它终于鼓起勇气拨通了“波士顿、麦克贝尼和巴特森”公司的电话。“我到底该怎样变成一只美洲豹？”乌龟问道。

乌龟为自己提出这样一个天真的问题感到尴尬。但顾问们立即给出了答复，这又让它松了一口气。它在心里想，优秀的顾问总是能立即给出答复。“波士顿、麦克贝尼和巴特森”公司的顾问们解释说，事实上，他们的很多客户都会问这个问题，由于提问人数众多，所以他们专门成立了一个新的变革管理部门来帮助客户。该部门的顾问都受过培训，擅长向身体的每个部位解释变成美洲豹的重要性。这项新计划甚至允许顾问在客户那里要待多久就待多久，直到完成变革。

乌龟被这个提议吸引住了。不过在把委托书回传给“波士顿、麦克贝尼和巴特森”公司之前，它和智慧的老猫头鹰谈了几句。智慧的老猫头鹰却说了下面这番话。

“乌龟和兔子为适应差异巨大的环境而形成了不同的进化结果。兔子最适应开阔的地带，因为在那里它们的奔跑速度成为它们的一项竞争优势。乌龟在恶劣的环境下生存了很多年，在那里它们的壳保护它们免受捕食者和天气的伤害。这就是为什么平原有时看起来比沼泽更有吸引力——因为那是对兔子而不是对乌龟而言的。同样，兔子下到沼泽里也是不明智的。要做一个快乐的生物，就要使自己的特征与所处的环境相匹配。这正是生物进化的渐进过程带给我们的结果。”

乌龟认为这个建议很精辟，于是慢慢爬回沼泽里。事实证明这是一个明智的决定。几个星期后，一群狮子找到了这片平原，然后吃掉了所有的兔子。乌龟则继续待在沼泽里，一直过着缓慢而幸福的生活。

资料来源： *Financial Times*, September 5, 1997.

STRATEGY
BITES BACK

一位 MBA 的转变

亨利·明茨伯格
Henry Mintzberg

这篇文章抱着不那么有同情心的态度来看待通过案例研究法培养出来的战略规划者。本故事纯属虚构，因为没有哈佛商学院的学生会像杰克那样说。但又有多少人会那样想呢？可悲的是，可能也很少。

（在课堂上，学生）在等你给他们“答案”……用案例研究法的话来说就是：“听着，我知道你没有足够的信息，但是基于现有的信息，你打算怎么做？”

R. 利伯（R. Lieber）援引自加拿大多伦多大学商学院院长
罗杰·马丁（Roger Martin）[①] 的话

“那么，杰克，假设你在松下公司工作，你现在要做什么？”教授和杰克的 87 个同学焦急地等待着他对这个陌生电话的答复。杰克对此胸有成竹，自从得知案例研究法应该要“挑战传统思维”，他对这个问题已经思考了很

① 罗杰·马丁是全球极具影响力的 50 大商业思想家之一，其著作《整合思维》《整合决策》的中文简体字版已由湛庐引进，浙江人民出版社分别在 2019 年、2020 年出版。——编者注

长时间。他还被反复告知，优秀的管理者要果断，优秀的 MBA 必须观点鲜明。于是，杰克使劲咽了口唾沫，然后说道："我会如何回答那个问题呢？在昨天以前我几乎没听说过松下公司，但是今天您就要我对它的战略发表意见。昨天晚上，我还有另外两个案子要准备，因此，我只有一两个小时来研究松下公司，而这家公司拥有成千上万名员工，还有几千种复杂多样的产品。我先把案例快速看了一遍，接着又略为仔细地看了第二遍。我从来没特意用过松下公司的任何产品，在昨天以前我甚至不知道松下电器是它家产的。我从来没有进过他们的工厂，甚至从来没去过日本。我没和他们的任何一位顾客谈过话，当然也没见过案例中提到的任何一个人。再说了，这是一个相当高科技的领域，而我这个人干的是低科技的活儿。我之前在一家家具厂工作。我手边能参考的所有资料就是这 20 页纸。我的工作经历太肤浅了。我拒绝回答您的问题！"

杰克接下来会怎样呢？发生在哈佛商学院里的事情，大家可以自己去猜一猜。从那之后，他又回到了家具行业，然后一头扎进家具产品、工艺、人员以及整个行业之中。他尤其热爱家具史。渐渐地，凭借果敢和挑战传统思维的勇气，杰克升任了 CEO。之后，他和他的员工几乎没借助任何行业分析，就制定出了改变家具行业的战略。值得一提的是，行业分析这门课被安排在案例课之后，杰克还没上过。

当杰克拒绝回答问题时，坐在杰克旁边的比尔站了出来。比尔也从未去过日本，不过他确实知道松下电器是松下公司生产的。比尔抛出一两个机灵的观点并且拿到了 MBA 学位。他以 MBA 为敲门砖，敲开了一家著名咨询公司的大门。就像在哈佛商学院的案例课上一样，无论在工作中面临什么场景，遇到多么一无所知的问题，他总能抛出一两个机灵的观点，并且总是在战略执行前抽身离开。随着类似经验的大量积累，不久比尔就成为一家大型家电公司的 CEO。他从没为家电公司做过咨询，但这家公司的确让他想起了松下公司的案例。后来，他制定了一份别出心裁的高科技战略，并且通过一个包含多项收购项目的庞大计划来执行该战略。这个战略会怎样呢？大家再来猜猜看。

凯莉（Kelly）以及她的作品《哈佛商学院真正教给你的是什么》（*What They Really Teach You at the Harvard Business School*）的读者可能会问：读案例和做分析就花了2～4个小时？哈佛商学院的答案是：对。学生每天要准备两三个案例……因此他们必须力求又快又好地完成分析。

资料来源：*Managers Not MBAs* by Henry Mintzberg, San Francisco: Berrett-Koehler and Harlow: Pearson Education, 2004.

STRATEGY BITES BACK

视角 2

谨慎规划的战略

规划就是决定把一只脚放在另一只脚前面。

——温斯顿·丘吉尔

通过控制流程，我们就可以阻止管理者爱上他们的工作。

——英国某大型公司的规划经理

心存怀疑虽是一种不愉快的体验，但至少不像深信不疑那般荒唐。

——伏尔泰

IT IS FAR MORE, AND LESS, THAN YOU EVER IMAGINED...

在这章，我们来讲讲前面提到过的占星问题，即战略是对未来的精心策划。这就是所谓的“战略规划”。“战略规划”曾在20世纪70年代的西方企业中盛行一时。这里的战略是一种控制，是对思想、行动、人员以及未来的控制。因此，SWOT分析模型被转化为一系列周密的步骤，包括各种检查表和管理技术。如果人们愿意，也可以称之为一门战略制定的科学。战略的制定应该经过一个成熟而缜密的过程，以便通过各种详细的目标、预算和运营计划来实施。这是一种经典的机械假设，只不过用到了战略上，即先生产出所有的零件，然后按照说明组装起来，最后得出战略。当然，专家是必需的，所以作为战略设计师的管理者就被作为战略工程师的规划者团队所取代，而且通常是以非常巧妙的方式取代的。

随着战略规划的实践越来越多，批评它的声音也越来越多。到了80年代末，它已经不受欢迎了。许多人认为它将会被彻底埋进土里。只不过没有那么快。一方面，政府部门和所谓的非政府组织正迎头赶上，由于它在70年代的商业领域得到过验证，所以许多人仍然热衷于战略规划。另一方面，洗澡水里还有婴儿[①]，因此战略规划以不同的方式卷土重来。

第一篇文章讲述的就是这方面的内容。它描述了战略规划如何回归并且让一些公司受益。第二篇、第三篇是解释战略规划之前为何消失的文章：首先是杰克·韦尔奇的文章，他在通用电气时抛弃了战略规划；其次是伊恩·威尔逊（Ian Wilson）的文章，他以更有条理的行文痛陈战略规划的滔天罪恶。

不过，还有其他操作和思考战略规划的方法。一篇“豆腐块”文章认为，我们应当做规划，以防万一，这叫作情景规划。另一篇文章认为，当“万一”真的出现时，任何旧计划都管用。卡尔·维克（Karl Weick）声称，规划让我们前进。

但是，规划总能让我们朝着正确的方向前进吗？接下来的一系列“机关枪”文章将向我们抛出这个问题，包括一首诗、一幅图、一篇分析规划在某著名战役中所起作用的文章，以及最后一篇总结性文章——它暗示规划有那么一点魔力，但不是你想象的那样。

---

① 出自常用俗语“把洗澡水连同婴儿一起倒掉”，这里指战略规划还有一定的价值。——译者注

STRATEGY
BITES BACK

战略规划革命

约翰·伯恩
John Byrne

“战略规划正卷土重来。”1996 年，《商业周刊》（*Business Week*）最杰出的记者这样写道。

约翰·克拉克森（John Clarkeson）20 多岁了，他从未生产过任何产品、经营过任何企业或管理过任何员工。但是，他拥有哈佛大学 MBA 学位和一整套从课堂上学到的方法论和工具，而且还有一个神奇的护身符：他是波士顿咨询公司（Boston Consulting Group，BCG）的咨询顾问，这是 20 世纪 70 年代最热门的精品战略咨询公司之一。在他展示完波士顿咨询公司对美国一家大公司的战略构想后，董事会爆发出热烈的掌声。这名年轻的咨询顾问得到了应有的回应。

“那是一段热血沸腾的岁月。”克拉克森回忆道。1966 年，作为年轻的 MBA，他从哈佛大学毕业加入波士顿咨询公司，现在已是波士顿咨询公司的 CEO。在发展鼎盛时期，制定战略是企业精英的终极左脑训练[①]。成千上万个受过商学院教育的思想家一边吹着空调，一边掌管着膨胀的商业帝国的

① 有这样一种说法：左脑负责逻辑推理、概念、语言、数学等功能，右脑负责创意、想象、情感、艺术等功能。——译者注

命脉；一边揿着计算器，一边设计着各种场景来征服对手。公司战略的流行催生出一个由精品咨询公司构成的小型行业，而且几乎每一位称职的 CEO 都学会了如何通过金牛、瘦狗、明星和问号[①]来整理公司业务。一切都可以分类、分析、量化和预测。只要深度思考，你就可以制定出一个战略，从而稳妥地指引你的公司取得一个又一个胜利。

然而未必尽然。到了 20 世纪 80 年代初，美国的公司发现自己受到来自全球竞争对手和更灵活的企业家的接二连三的打击。所以过去依靠头脑来制定战略的方式，在这个不那么悠然的时代里看起来像是一种奢侈品。突然之间，“美国公司”（Corporate America）奋起直追。公司不再去制定各种文雅的战略，而是争先恐后地提质、重组、裁员以及再造。

然而，有趣的事情发生了。经过十多年为了大幅提升生产率和效率而进行的收缩，公司现在渴望从精简后的运营活动中榨取更多的利润。那么什么东西正卷土重来呢？你猜对了，是战略规划。突然之间，摆脱日常业务的喧嚣来思考市场前景和竞争对手的想法又变得有吸引力了。带着秒表的再造顾问们出局了，而带着愿景、怀着新希望的战略大师们加入了进来。

从西尔斯（Sears）[②]到 IBM，从惠普到塞尔（Searle）[③]，一家又一家公司在追求更高收入和利润的过程中，再次把注意力聚焦于战略。在新一代商业战略规划者的帮助下，许多公司开始寻找各种新颖的方法来孵化新产品、扩展现有业务并开创未来市场。一些公司甚至正在重建功能齐备的战略规划团队。联合包裹速递服务公司（United Parcel Service）预计从其营销部门中剥离出一个新的战略团队来负责酝酿战略性计划。该公司的董事长肯特・C.

① 波士顿矩阵把产品或业务划分为 4 种类型：金牛、瘦狗、明星和问题。——译者注

② 拥有 130 多年历史的美国传统百货巨头，曾是美国最大的零售商，2018 年申请破产。——译者注

③ 美国医药公司，后被孟山都收购。——译者注

尼尔森（Kent C. Nelson）解释道：“因为我们在科技投资上下了更大的赌注，所以在某个方向上花费大量资金，而5年后却发现方向错了的后果，我们负担不起。”许多主流咨询公司，包括曾经作为战略领导者的波士顿咨询公司，都说他们的战略业务正在急剧增长……

但是，如果说战略规划的回归带有报复性，那么它同时也具有差异性。旧模式下的抽象、无果和自上而下的傲慢已经不复存在。1983年，通用电气董事长杰克·韦尔奇敲响了这种方法的丧钟。当时，他解散了该公司一度广受赞誉的规划部门。超过200名高级职员过去曾在该部门炮制出各种装订精美的报告。韦尔奇发现，通用电气的战略规划者过度专注于运营和财务细节，而不是竞争定位和未来市场的打造，同时他们也过于脱离一线管理者的工作实际。

今天的战略大师们敦促公司把公司最高管理层专属领域的战略规划过程民主化，即把战略规划交给来自不同领域的一线管理者和人事管理者团队。通常情况下，团队成员既有精挑细选出来的具有创造性思维的年轻人，又有愿意实话实说的即将退休的老前辈。为了使规划过程贴近市场实际，今天的战略规划者还会在规划过程中加入与关键客户和供应商的互动。这种开放性本身就是一场战略规划革命的标志，因为战略规划一直是最神圣不可侵犯的、最秘而不宣的公司活动之一。但如果这个过程有助于公司生产出客户想要的产品，那么开放就是必要的。

1995年年初，芬兰的诺基亚集团决定让250名员工参与战略审议活动，而当时它在蓬勃发展的电信业务上正以每年70%的速度爆发式增长。“通过让更多的人参与进来，从而让战略的执行变得更有成效，”诺基亚的战略开发主管克里斯·杰克逊（Chris Jackson）说，“在这一过程中，我们赢得了员工的高度认同，并最终拥有了许多过去从未考虑过的选择。”

除此之外，这种活动还迫使管理者审视不同技术的融合，以及这种融合可能对公司造成的影响。一个显而易见的益处是，1996 年初，诺基亚在德国成立了一个新的“智能汽车”业务板块来为汽车行业开发产品。

当时，诺基亚公司的高管团队每月召开一次以战略为议题的会议。该公司还表示，那些 6 个月里要花 1/4 的时间在练习上的一线管理者，现在已接受了培训，也拥有了相关视野，能够将战略作为他们常规工作的一部分。“我们已经打破原来以年为周期的战略规划模式，试图让战略成为管理者日常活动的一部分，”杰克逊说，“我们还没有完全做到这一点，但显然正在朝着这个方向前进。”

这也是韦尔奇自彻底解散通用电气的中央规划部门以来一直努力的方向。韦尔奇将制定战略的责任下放给了 12 个业务板块的负责人。他们每年夏天都会与韦尔奇及其高管团队碰面，开上一整天的规划会议。“会议聚焦于战略，对近期以及未来 4 年进行展望，”公司管理发展副总裁史蒂文·克尔（Steven Kerr）说道，“他们对将要做的事情进行安排，对感兴趣的新产品进行布局，并且对竞争对手的动态进行判断。”由 24 名最高管理者组成的公司执行委员会每年召开 4 次会议，并对每项业务及其发展方向进行剖析。

然而，在通用电气，无人拥有战略规划负责人的头衔。“如果真有这么一个人，那么这个人会做什么呢？”克尔说道，“他会做报告。”毫无疑问，报告还要装订精美。但是，战略规划已经不再是这套玩法了。

资料来源：“After a Decade of Gritty Down-Sizing, Big Thinkers are Back in Vogue” by John Byrne in *Business Week*, August 26, 1996.

杰克·韦尔奇论规划

杰克·韦尔奇
Jack Welch

这篇文摘是韦尔奇对自己担任通用电气 CEO 历程的讲述。文章小而生动，记录了这位 CEO 如何拨开正式报告和数字的迷雾来了解企业的真实情况。

上任几个月后，我们研发部门的负责人阿特·比希（Art Bueche）来到我的办公室。他想给我一叠卡片，上面写着为即将召开的业务领导人规划会议而准备的问题。这种会议每年 7 月都会举行，会议的核心文件则是厚厚的规划书，里面包含对未来 5 年的销售、利润、资本支出以及各种其他数字的详细预测。这些文件是通用电气官僚体系的命根子。在通用电气总部还真的有职员在给它们评级，甚至给每个封面的精美程度打分。真是疯了。

我从头到尾看了一遍比希递给我的卡片，惊讶地发现为公司会议准备的答题卡上充斥着“脑筋急转弯”似的问题。

“天知道我该拿这些卡片干什么？”“我一直是把这些问题给到公司行政办公室的，这样他们就可以向运营人员表明他们对规划书是做了一番研究的。”他答道。

“比希，这太疯狂了，”我说，“这些会议必须是自然而然的状态。我要的是通过和开会人员第一次见面的情况做出反应。规划书会让我们的对话进行下去。”

我最不想要的就是出一堆技术难题，然后给人打分。如果我连提问都要别人代劳，那么我当CEO的目的何在？公司员工不操心实际工作，却忙着拍老板的马屁。公司行政办公室，包括我的副董事长们在内，并不是总部里唯一一个得到问题卡的团队。每一次业务回顾，总部的头头们都会给自己的幕僚的脑袋里塞满问题。

我们有大把员工在例行公事般地查看那些在我眼里就是“死书”一般的文件。在整个职业生涯中，我从来都不想在有人讲解之前先看到规划书。对我来说，这些规划会议的价值不在规划书上，而在那些来总部开会之人的头脑和内心之中。我想深入下去，摆脱文件的桎梏而深入其中的思想。我要看到业务领导人的肢体语言和他们在讨论中倾注的激情。

通用电气的各种被动评审太多了。其中一个年度惯例是每年春季去美国路易斯维尔市参加家电产品的评审。一组设计师和工程师摆出各种纸板和塑料模型，而我们这群来自公司总部的人，则要对未来的冰箱、炉灶和洗碗机型号发表意见。我永远不知道这些型号中有多少最后被摆上经销商的货架，不过我确信，其中一些模型得擦擦灰了，因为它们已经在评审中被展示多年。另外，我还知道，公司总部代表团的意见毫无价值，我自己的意见也是一样。这种惯例浪费了每个人的时间。我想打破这种马戏表演般的怪圈。领导层被动“评审和批准”的角色必须改变。

资料来源：*Straight From the Gut* by Jack Welch with John A. Byrne, New York: Warner Books, 2001: pp. 93-94.

STRATEGY
BITES BACK

战略规划的“七宗罪”

伊恩·威尔逊
Ian Wilson

韦尔奇讲的是个人观点，而威尔逊讲的是更系统或者说更有“计划性”的观点。他列举了战略规划在通用电气公司犯下的七宗不可饶恕的罪恶。

幕僚人员接管了规划过程。之所以会出现这种情况，一部分原因在于CEO们设立了新的幕僚部门来承担新的职能；一部分原因在于幕僚人员填补了因中层管理者对新职责漠不关心而造成的空白；还有一部分原因在于幕僚人员的傲慢和组织的膨胀。因此，负责规划的幕僚人员经常在战略制定的过程中把高管排除在外，使其变得与橡皮图章无异。

规划过程支配着幕僚人员。规划过程中所用的方法越来越复杂。幕僚人员太注重分析，而不注重真正的战略洞察。他们误以为战略思考等同于战略规划。通用电气董事长兼CEO韦尔奇形象地描述了这样做的结果：“文件越来越厚，印刷越来越复杂，封面越来越硬，图表也越来越精美。”

规划系统的设计实质上没有产生任何结果。其主要的设计缺陷在于否定或削弱了负责执行战略的高管们的规划职责。一位高管愤怒地反驳：“既然矩阵选择了战略，那就让矩阵去执行战略吧！”这代表了很多人的态度。另一个设计缺陷在于战略规划系统未能与运营系统整合为一体，从而导致战略无法驱动行动。

规划关注的是合并、收购和资产剥离等更令人兴奋的游戏，这往往以牺牲核心业务的发展为代价。这个问题的产生一部分源于时代的风气，另一部分则源于规划工具的使用不当。

规划过程未能形成真正的战略选择。在决策之前，规划者和高管没有真正努力去寻找或分析一系列的战略选择方案，他们只是匆忙采用了第一个满足某些基本条件、尚可接受、还算“满意”的战略。因此，公司所采用的战略经常是出于默认，而非选择。

规划忽视了战略的组织和文化的要求。规划过程关注外部环境是对的，但不应以牺牲内部环境为代价，内部环境在战略执行阶段是至关重要的。

在结构性调整和不确定的时代，以单点预测作为规划的基础是不合适的，但公司仍倾向于依赖单点预测。基于场景的规划是例外而不是原则，依赖单点预测的规划更容易被意外所影响。此外，由于该规划的假设条件描绘的是一种单一的未来，而这个未来几乎总是在过往趋势的推论上进行某些细微调整。因此存在倾向于继续执行某种“动量策略”（momentum strategy）[①] 的内在偏差。

资料来源：*Long Range Planning*, 27, Ian Wilson, “Strategic Planning Isn’t Dead-It Changed”, pp. 12-24, © 1994 with permission from Elsevier.

---

① 经典的金融投资策略，源于纳拉辛汉·杰加迪西（Narasimhan Jegadeesh）和谢里登·蒂特曼（Sheridan Titman）对股市动量效应的研究。简单来说，动量效应是指股票收益率有延续原来运动方向的趋势，即过去一段时间表现较好的股票在下一时间段仍然会表现较好，反之亦然。动量策略是基于动量效应而采取的交易策略。——译者注

STRATEGY
BITES BACK

情景规划

劳伦斯·威尔金森
Lawrence Wilkinson

战略规划回来了，而且创造出更复杂的新技术，其中一项便是情景规划。既然未来无法预测，那么我们或许可以去设想不同的未来。威尔金森在此提供了一份指南，教你如何使用这种流行的规划技巧。

我们可能都遇到过这样一种情况：我们展望未来，尽最大努力想做出明智的决定，却发现自己面对的是可怕而广泛的不确定性。要是世间万物都不互相依赖倒也罢了，但生活并非如此。那么问题来了：如果不清楚有哪些行业在 10 年或 15 年后还会存在，那我们如何决定要走什么样的职业道路？如果不知道孩子们将会生活在一个怎样的社会中，那我们如何规划他们的教育？我们面临的以上问题实质上隐藏着一个更深层次的困境：如何在预测和无能为力之间取得平衡——有时候，我们相信可以透过不确定性看清未来，而实际上却很难做到；有时候，我们被不确定性所束缚，却又什么也做不了。

大公司的高管也面临着类似的困境，但他们还背负着额外的压力：他们的决策影响着成千上万人的生计。俗话说，高处不胜寒。但对当今的大多数管理者来说，更大的问题是高管的困惑。仅仅执行、“正确地做事”已经不够了。与我们一样，高管也必须选择“做正确的事”：即设定一条路线，指引人们解决那些阻挡公司视野的战略性问题。是否要收购竞争对手？是否建造半导体制造厂？是要把网络中的铜线换成光纤，还是等等看从而节省几十亿元的开支？这样的问题被称为“长引信、大爆炸”（long fuse，big bang）难题。无论管理者决定做什么，结果都会是一场大爆炸——对一个组织来说往往是生死攸关的大事。要在若干年后，管理者才会知道自己的决策是否明智。更糟糕的是，“长引信、大爆炸”难题不适合用传统的方法进行分析，想通过研究来消除关键决策成功与否的不确定性，简直是不可能的。

不过，和我们一样，管理者必须做出决定，而且必须即刻做出。被世界裹挟着一路狂奔的其他人不会停下来等待确定性的出现。任何有助于在不确定性中做出决策的事物都是有价值的，其中一个助力工具便是情景规划。越来越多的公司高管正运用情景规划来更有效地做出重大而艰难的决策。另外，情景规划不仅是为大人物准备的，它也可以在个人层面上帮到我们。

情景规划的产生来自这样一种观察的结果：鉴于不可能准确地知道未来会是怎样的，一个好的决策或战略应该在若干种可能性中都能产生好的结果。为了找到“稳健”的战略，人们创建了多种情景，而且每个情景之间有着明显的差异。这些情景组合基本上用来专门构建未来的故事，每一个情景都模拟了一个独特的、合情合理的世界。可能有朝一日，我们将不得不生活和工作在其中一个世界里。

然而，情景规划的目的并不是确定未来要发生的事，而是找出推动未来发展的不同力量。假如真的发生了某些事件，规划者要能把背后的逻辑识别出来。这些都是为了帮助我们在今天更好地做出决策。

这一切听起来相当晦涩，但正如我的合伙人彼得·施瓦茨（Peter Schwartz）常说的那样，“情景创建不是造火箭”。他是感同身受的，因为他不仅在20世纪70年代帮助研发了这项技术，而且他还是一名火箭科学家。

情景规划首先要确定焦点问题或决策。关于未来，我们可以讲出无数个故事，但我们的目的是讲重要的、能够带来更好的决策的故事。因此，我们首先要做的是在想要解决的问题上达成一致。有时，这个问题会相当广泛，如国家的未来将如何；有时，它会非常具体，如我们是否应该导入新的操作系统。无论哪种情况，关键是就某个（某些）问题达成一致，而这个（或这些）问题在进行剩下的情景创建流程时会被用作相关性测试。

情景是我们理解并塑造未来的动力学原理的一种方式。因此，接下来我们要尝试确定目前发挥作用的主要“驱动力”，大致分为以下 4 类：

- 社会动态；
- 经济问题；
- 政治问题；
- 技术问题。

真正的问题多少都会涉及以上 4 类驱动力。列出这些驱动力的关键是要抛开那些屡屡盘踞在我们头脑里的日常危机，去审视那些通常发挥巨大作用但被我们忽视了的长期力量。往往正是这些强大的长期力量让我们措手不及。一旦列出了这些力量，我们就会发现：从我们自己的角度来看，有些力量可以被称为“预先决定的”（predetermined）——我所说的并非哲学意义上的预先决定论，而是指它们完全不在我们的掌控之内，但又在我们所讲的关于未来的故事中发挥作用。例如，10 年后美国加利福尼亚州高中生的数量基本是由现在的小学生数量所预先决定的。虽然并非所有的力量都如此明确或如此易于计算，但当我们构建自己的故事时，预先决定的因素在每个故事中都会出现。

在我们从驱动力清单中确定了预先决定的因素之后，剩下的应该是众多的不确定性。然后，我们把这些不确定性进行分类，选出其中的关键不确定性。关键不确定性是解答焦点问题的关键，如劳动力中的女性比例是否会继续提高。这样做有两个目的：一方面，我们想要更好地了解所有的不确定因素以及它们之间的相互关系；另一方面，我们想让那些我们认为对解决焦点问题至关重要，但又最不可能预测的少数因素浮出水面。

我们并不知道未来会展现哪种情景，对此我们要做些什么准备呢？我们今天所做的决策，有些会在所有的未来情景下都有意义，有些则只会在一种或两种未来情景下有意义。一旦确定了那些在所有情景下都有影响的决策，我们就要用好它们，而且相信我们会制订出更好、更稳健的计划。而那些只在一种或几种情景下才有意义的决策则很棘手。对于这些决策，我们需要了解其对应情景所展现的“早期预警信号”。有时，某种特定情景的领先指标①是显而易见的，但又往往很微妙。它可能是某项立法，或是技术突破，又或是逐渐发展的社会趋势。接下来，密切监测这些关键信号当然就变得非常重要了。

基本上，这就是情景规划的力量。它帮助我们理解摆在面前的不确定性因素及其可能带来的影响，帮助我们“预演”未来可能出现的情况以及相应的应对措施，它还帮助我们在未来情景初露端倪时及时地发现它们。

资料来源：“How to Build Scenarios: Planning for ‘long fuse, big bang’ problems in an era of uncertainty” by Lawrence Wilkinson, published in *Scenarios: The Future of the Future* special issue of WIRED, 1995.

① 指反映未来趋势、变化的可衡量或可观察的变量。——译者注

STRATEGY
BITES BACK

预测：糟糕，错了！

原子能可能跟我们现在用的炸药一样好，但不太可能产生更大的危险。

温斯顿·丘吉尔

1939 年

我认为全球市场大约需要 5 台计算机。

托马斯·沃森（Thomas J. Watson）

时任 IBM 董事长，1948 年

1 000 年之内人类绝对飞不起来。

莱特兄弟

1901 年

电影不过是一时狂热。电影就是罐装的戏剧。观众真正想看的是舞台上有血有肉的角色。

查理·卓别林
1916 年

电视机无法在任意一个市场中坚挺 6 个月，人们很快就会厌倦每天晚上盯着一个胶合板箱子看。

达里尔·扎努克（W. Darryl Zanuck）
时任 20 世纪福克斯电影公司总裁，1946 年

年复一年，焦虑不安的人们都会向我提出战争爆发的可怕预测。每次都被我否认了。我只错了两次[①]。

一位在英国外交部从 1903 年工作到 1950 年的研究人员

在过去的半个世纪里，没有什么现象比物质文明的集中爆发更值得注意的了，但这却被极大地忽视了。人类在各种发明创造上所取得的进步，不仅为日常生活提供了便利，也提高了舒适度。毫不夸张地说，我们在这 50 年所做的工作比人类之前所经历的所有时期所做的都多，并且在这段时期，我们获得了更丰富的成果，实现了更大的成就。正是在照明、交通和通信这三个重大问题上取得的进步，影响了自真正的历史以来的历代人。

《科学美国人》（Scientific American）
1868 年

---

① 指第一次世界大战和第二次世界大战。——译者注

Planning

STRATEGY
BITES BACK

以防万一的计划

卡尔·维克
Karl Weick

维克提出了一个具有煽动性的观点，在某种方式上此观点是对情景规划的支持，但有时它却与之相矛盾。他的观点是：当你迷失方向时，任何旧计划都管用！

关于战略是什么，在瑞士进行军事演习期间发生的一件事可以很好地说明我的看法。一支匈牙利小分队被部署在阿尔卑斯山。小分队的一名年轻中尉派了一支侦察队进入冰天雪地的荒野之中。侦察队刚走，便立即开始下雪，雪下了两天，而侦察队还没回来。中尉很痛苦，担心他把自己人派去送死了。但在第三天，侦察队回来了。他们去哪儿了？他们是怎么找到路的？他们说，他们的确认为自己迷失了方向，只能坐以待毙。后来，他们中的一个人在口袋里找到了一张地图。这让他们冷静了下来。他们扎了营，扛过了暴风雪，然后用地图找到了自己的方位，就顺利回来了。中尉接过这张不同寻常的地图，仔细看了起来。他惊奇地发现，这不是阿尔卑斯山的地图，而是比利牛斯山的地图。

通过这件事，有了这样一个有趣的设想：当你迷路时，任何旧地图都管用。延伸到战略问题上，也许当你困惑时，任何旧的战略计划也都管用。

战略计划跟地图很像。它们都让人感到鼓舞，给人提供方向。人们一旦开始行动，就会在某种环境下产生有形的结果，而这有助于他们认识到正在发生的情况、需要解释的事项以及下一步应该做的事情。管理者总是忘记，成功的原因在于他们做了什么，而不在于他们计划了什么。他们总是错信计划的功效，不断地犯这个错，然后花更多的时间做计划、更少的时间做事情。当更多的计划并没有带来任何改善时，他们通常倍感惊讶。

我把用比利牛斯山的地图走出阿尔卑斯山的故事讲给了摩根担保公司（Morgan Guaranty）的执行副总裁兼财务主管鲍勃·恩格尔（Bob Engel）。他说："要是那个把迷路的队伍带出来的领导者知道地图是错的，还能把他们带回来，那么这个故事就真的太棒了。"

恩格尔给这个故事增加一层曲折，而其中有意思的地方便在于，他描述出了大多数领导者所面临的基本情况。追随者往往会迷失方向，甚至领导者也不知道该往哪里去。领导者只知道他面前的计划或地图本身并不足以让他们摆脱困境。面对这种情况，他必须向人们灌输信心，让他们朝着某个大致的方向前进，并确保他们密切关注实际发生的状况。这样，他们便可以知道自己之前的位置，并且可以更好地了解自己现在的位置以及未来想要去的地方。

如果让人们行动起来，保持头脑清醒并且仔细观察，事情往往会变得更有意义。总体来说，把比利牛斯山的地图当作阿尔卑斯山的地图来用，还是说得通的。因为如果你看过一座山脉，那你就看过了所有的山脉。比利牛斯山与阿尔卑斯山有一些共同的特征，如果人们注意到这些共同特征，那么他们就有可能找到出路。例如，大多数山脉一边潮湿，另一边干燥；水向下流动，而不是向上流动；山里有盛行风，有山峰和山谷，有一处最高点，越过最高点后，山峰会越来越低，直到进入山麓地带。

确实，如果你看过一座山脉，那你就看过了所有的山脉；同样，如果你

看过一个组织，那你也就看过了所有的组织。在一个组织里任何旧计划都管用，因为人们往往都是通过反复试验、不断犯错或试错来学习的。有的人听，而有的人讲。人们想有所成就，而且大致了解自己所在的位置。20%的人会做80%的工作，反之亦然。如果你为别人做点什么，那么他们也更有可能为你做点什么。鉴于大部分组织的这些普遍特征，多数时候，旧计划就足以让整个机制运转起来。从而，人们能够了解目前的状况以及下一步需要做的事情。

其中所涉及的一般过程是这样的：意义的产生在于领导者将模糊的地图或计划当作具有某种意义的事物来对待，而他非常清楚，只有当人们对地图做出反应并采取行动时，才会产生真正的意义。倘若你想用糟糕的地图来实现领导，秘诀便是创造一个自我实现的预言。通过事先预言团队终将找到出路。领导者创造出一种结合了乐观精神与实际行动的氛围，从而使人们得以将困惑转化为行动的意义并找到前行的路。

模糊的计划和项目为人们提供了行动、学习和创造意义的理由。这样的例子在业内比比皆是。

例如，某邮购服装零售商的创始人在业务开始时的举动就令人感到不可思议。他们从南美洲被推翻的军队那里购买制服，然后在邮购目录上登广告时，他们用的是图画而不是照片。所有这些举动都被其他邮购公司贴上了“战略贫瘠”的标签。然而，当这三个举动运作起来时，它们所引发的反响出乎所有人的意料。这些没人试过的做法，让他们获得了一个迟来的战略以及一个独特的利基市场。

再如，“周二早间”（Tuesday Morning）是一家销售家用品和礼品的低价零售连锁店。当他们有足够的商品可供销售时，就开门营业；当商品不足时，他们就开始暂停营业，并等待下一批商品到货。管理者按照这种模式经营时发现，顾客很喜欢盛大的开业活动，而且在暂停营业期间，人们会对门店何时重新开业以及开业后会有什么商品建立起期待。这些期待足以激发人们的购买欲望，从而使这家间歇性营业 4 ～ 8 周的门店比全年开张的同类门店卖得更多……

资料来源：Karl Weick, *Sensemaking in Organizations*, 345-346, © 1995 by Sage Publications. Reprinted by permission of Sage Publications, Inc.

STRATEGY
BITES BACK

“创计划记”

匿名

起初，人们创设了计划，然后有了各种假设。假设空虚混沌，计划空洞无物，人人面面相觑，于是他们告诉组长：“那计划是一罐狗屎，且臭不可闻。”

组长跑去找他们的科长，并说：“那计划是一桶粪便，且无人可以忍受其臭味。”

科长跑去找他们的经理，并说：“那计划是一箱排泄物，且味道强劲，无人受得了。”

经理跑去找他们的总监，并说：“那计划是一船肥料，且无人可以忍受其威力。”

总监去找他们的副总裁，并说：“那计划所含的物质可以帮助植物成长，且作用强劲。”

副总裁去找总裁，并说：“那计划可以促进增长，且非常强大。”

总裁去找董事长，并说：“这个强大的新计划可以积极地促进公司业绩的增长和效率的提升，而且特别管用。”

董事长看了一眼那计划，看到它是好的，于是计划成了政策。

STRATEGY
BITES BACK

如何拟定战略

乔治・斯坦纳
George A. Steiner

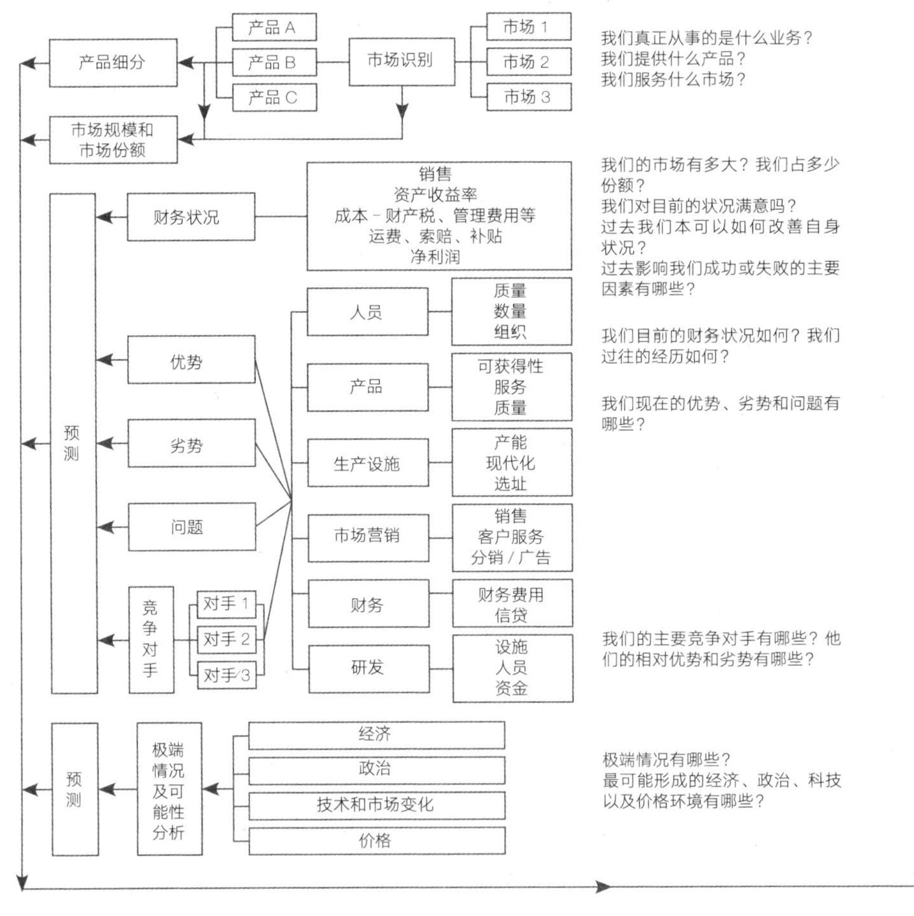

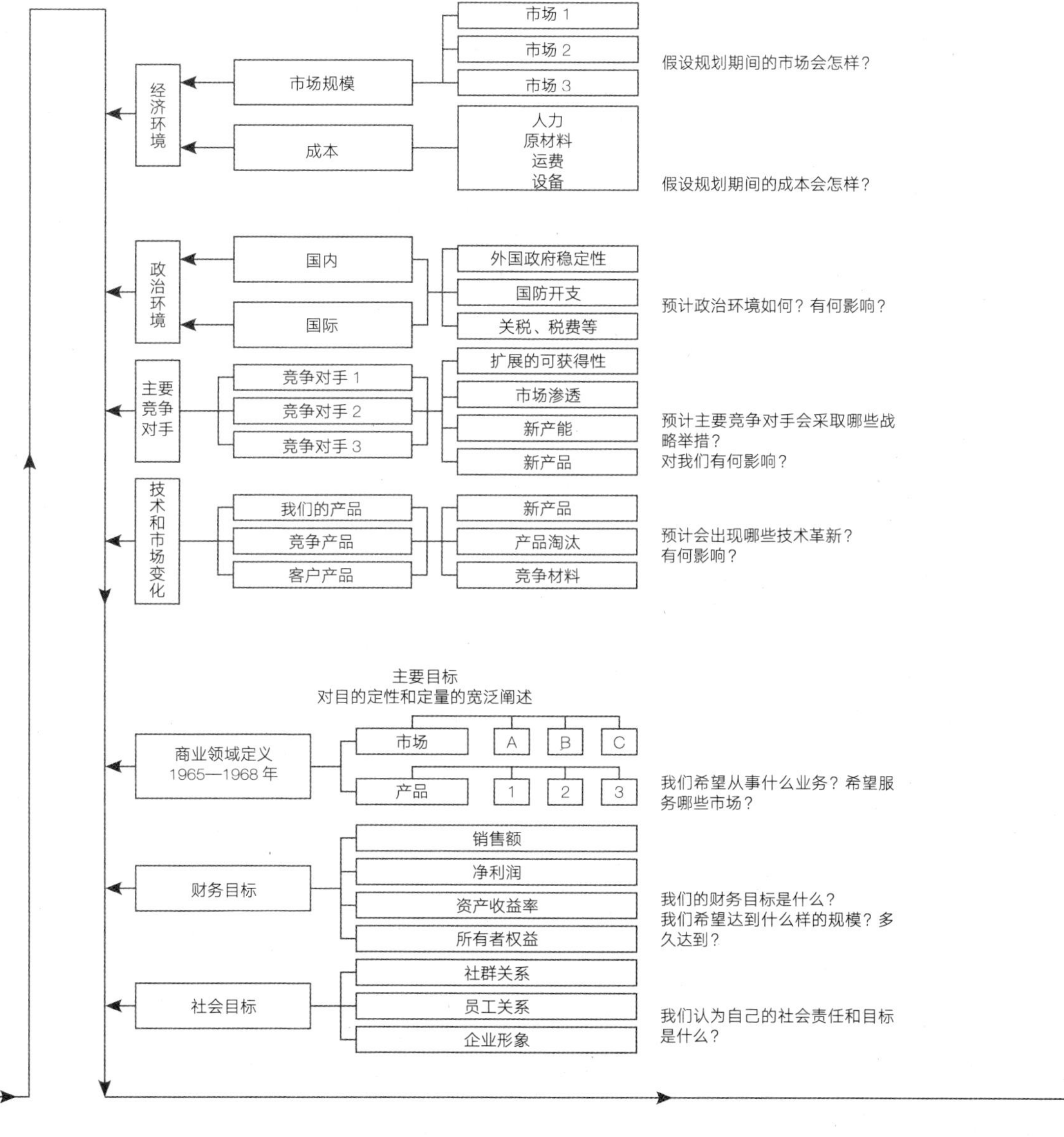
至假设
经济环境
市场规模
市场 1
市场 2
市场 3
假设规划期间的市场会怎样？
成本
人力
原材料
运费
设备
假设规划期间的成本会怎样？
政治环境
国内
国际
外国政府稳定性
国防开支
关税、税费等
预计政治环境如何？有何影响？
主要竞争对手
竞争对手 1
竞争对手 2
竞争对手 3
扩展的可获得性
市场渗透
新产能
新产品
预计主要竞争对手会采取哪些战略举措？
对我们有何影响？
技术和市场变化
我们的产品
竞争产品
客户产品
新产品
产品淘汰
竞争材料
预计会出现哪些技术革新？
有何影响？
主要目标
对目的定性和定量的宽泛阐述
商业领域定义
1965—1968 年
市场
A
B
C
产品
1
2
3
我们希望从事什么业务？希望服务哪些市场？
财务目标
销售额
净利润
资产收益率
所有者权益
我们的财务目标是什么？
我们希望达到什么样的规模？多久达到？
社会目标
社群关系
员工关系
企业形象
我们认为自己的社会责任和目标是什么？

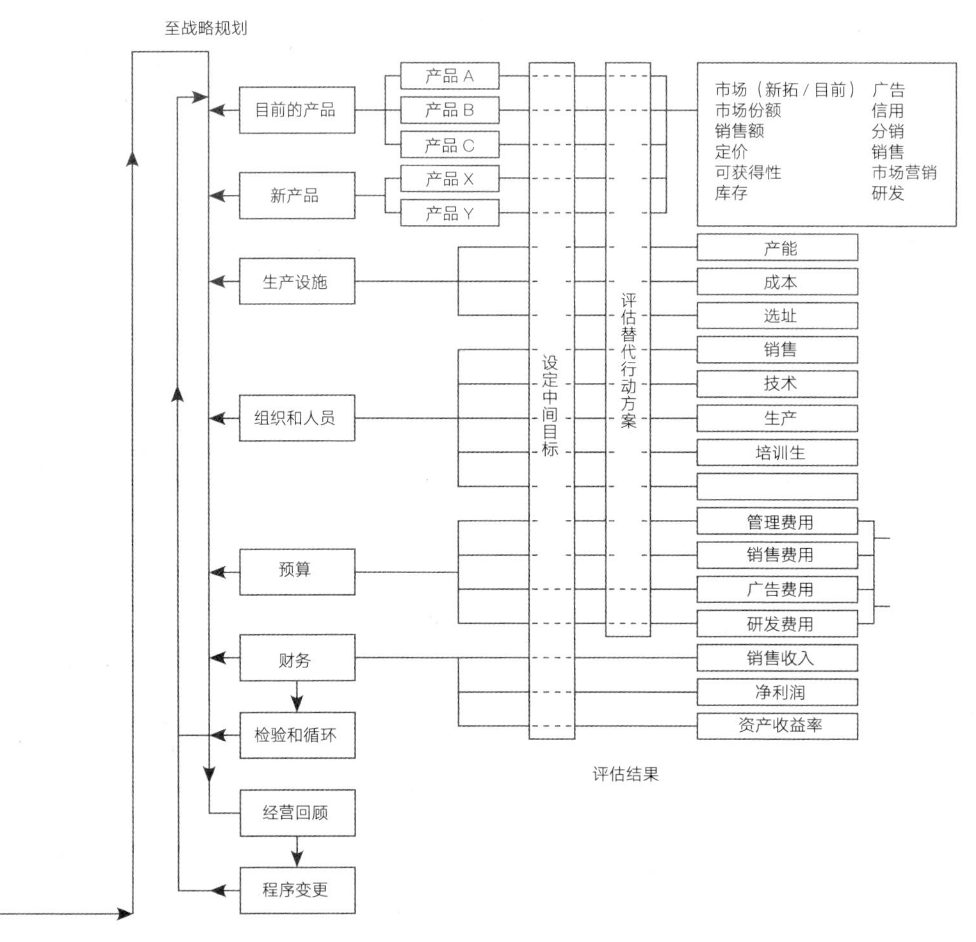
至战略规划
目前的产品
产品 A
产品 B
产品 C
新产品
产品 X
产品 Y
市场（新拓 / 目前）
市场份额
销售额
定价
可获得性
库存
广告
信用
分销
销售
市场营销
研发
生产设施
组织和人员
预算
财务
检验和循环
经营回顾
程序变更
设定中间目标
评估替代行动方案
产能
成本
选址
销售
技术
生产
培训生
管理费用
销售费用
广告费用
研发费用
销售收入
净利润
资产收益率
评估结果

资料来源：The planning process at Kaiser Aluminium, circa 1964. Reprinted with permission of the Free Press, a Division of Simon & Schuster Adult Publishing Group, from *TOP MANAGEMENT PLANNING* by George A. Steiner. Copyright © 1969 by George A. Steiner. All rights reserved.

STRATEGY
BITES BACK

战略规划与灵活性

亨利·明茨伯格
Henry Mintzberg

规划可以是灵活的吗？战略规划者声称可以，有些人甚至支持“灵活规划”（Flexible Planning）。不过一项计划的真正目的可能是去灵活性。对于这一点，我们可以借用明茨伯格《战略规划的兴衰》（*The Rise and Fall of Strategic Planning*）一书的内容，从好坏两方面进行探讨。坏的一方面是在第一次世界大战中发生了一场著名战役，好的一方面是这场战役引发了一场关于战略制定过程究竟能否正式化的讨论。

保持轮船的方向

亨利·法约尔（Henri Fayol）在世纪之交用航行中的船做比喻，来强调规划在维持稳定中所起的作用。请设想一下：

> 无端改变航线是危险的，它不断威胁着毫无计划的企业。哪怕是最轻微的逆风也能使一艘弱不禁风的船偏离航线……改变航线这一令人遗憾的决定可能是在严重却短暂的干扰下做出的……（相较于）在不受干扰时仔细思考的过程……计划使企业避免被迫改变航线，而这种改变可能是缘于某个重大事件，也可能仅仅是因上级机

关变更而引起的。此外，它还可以防止偏差的出现，而这种偏差在出现之初不易察觉，但最后却让企业偏离了目标。

这些评论的背后有几个很有趣的假设："改变航线"是一件坏事，"逆风"是威胁，而组织认为逆风是"不受欢迎的"和"令人遗憾的"。航线应该在"不受干扰"的时候设定，即在起风之前。最重要的是，组织绝不能偏离设定好的航线。这也许是应对偶尔刮起的狂风的好方法，但对于应对飓风（更不用说冰山，或是在别的岛上发现黄金的消息）来说，却是一个糟糕的方法。

当然，法约尔考虑到了阵风——只是轻微的扰动而非连续的中断。他假定组织非常了解这片水域。当然，在这些情况下，计划是最有意义的，假设组织具备准确预测的能力，那因缺乏灵活性而付出的代价也会相对降低。正如国际著名预测学家斯派罗斯·马克利达基斯（Spyros Makridakis）所指出的：

> 战略……不应该一遇到困难就改变。克服困难和解决问题都需要坚韧的毅力。但是，如果环境发生了实质性的变化，或者如果误判了竞争对手的反应，又或者未来的发展与预期相反，就必须修改战略并将上述变化考虑在内。换言之，战略必须适应新形势：与其一条路走到死，不如换一条能走得通的小路。

在那种情况下，人们可能会建议组织放弃计划以及正式的规划流程，但常见的问题是组织并没有这样做。

保持战役的方向

在第一次世界大战中，有一场著名的战役——帕斯尚尔（Passchendaele）战役，这场战役的"干扰"因素不是狂风，而是暴雨。据 M. D. 费尔德（M. D. Feld）所说，在军团总部制订计划时，天气晴朗，但结果有 25 万英军在战场上倒下。

> 批评者认为，帕斯尚尔战役的规划是在对战役条件几乎一无所知的情况下完成的。据称，在战役进行的 4 个月里，总司令部作战处的高级军官从未踏足或查看过帕斯尚尔战场。关于战场状况的日报先是被忽略，后来被命令停止上报。直到战役结束，陆军参谋长才得知他一直在指挥士兵穿过泥海前进。

引用阿卡迪亚大学历史学教授詹姆斯·斯托克斯伯里（James L. Stokesbury, 1981）在其历史类著作中的描述，这份"宏伟计划"得到了执行，尽管战场上持续下着倾盆大雨，尽管发生了以下一系列事情：枪口堵了，携带着沉重弹药的士兵滑入泥泞的炮弹坑里被淹死，枪支送不到前线，而伤员撤不到后方。"进攻仍在继续；高级军官们一边睡在总部的被窝里，一边哀叹着步兵没有表现出更多的进攻精神。"

> （一名）参谋……在一切安静下来之后去看了战场。他四下望去，尽是一片泥海，然后自言自语道："天哪，我们是派人在这种环境里向前冲锋的吗？"说完，他失声痛哭起来，并在随从的护送下离开了。参谋们……则抱怨步兵们没向他们敬礼。

谁应该为这样一个悲剧负责呢？英军指挥官黑格将军（General Haig）吗？这是毫无疑问的，但不止他。在他身后，是在军事领域尤其突出但又不限于军事领域的悠久传统，即把战略与战术、制定与执行、思考与行动分割开来。这再次证明，终极敌人就是我们自己——不仅是我们的行为方式，还有我们的思考方式。

正如费尔德在其关于传统军事组织功能失衡的文章中指出的那样，后方军官和前方部队有着明显区别：前者有权制订计划并指导计划的执行，而后者尽管有第一手的经验，却只能按照交给他们的计划执行。一方做决定，而另一方敬礼。

组织更重视理性的运用，而不是经验的获取。他们通常赋予参与第一项活动的军官高于从事第二项活动的军官的权威。

规划者优势地位的确定基于这样一种假设，即他们的地位有助于他们了解整个军队的状况，而执行者的知识仅限于个人经验。这一假设得到了军事组织层级结构的支持，该结构详细确立了信息流动的阶段和方向。在这种层级结构中，接收信息者是传递信息者的上级……

不幸的是，“最有利于理性活动的冷静和超然，与战斗所带来的混乱和投入是直接对立的。因此，制订计划的前提条件与决定计划执行结果的条件迥然不同……”。虽然帕斯尚尔战役可能在“战略上可取”，但事实证明它在“战术上不可能”。换句话说，它只是在理论上完全行得通。不过，计划制订者未能及时发现这一点，直到为时已晚。“带刺的铁丝网和自动武器迫使战役陷入僵局，从而导致战略和战术思想几乎完全相背离。”尽管没有一方“能够指导另一方”，但战略思想拥有“绝对的主导权”。于是，悲剧发生了。

战略规划正式化之谬

事实上，系统真的能够做到这一点吗？用斯坦福研究所（Stanford Research Institute）的一位经济学家的话来说，“战略规划”能“再现”“天才企业家”的思维吗？“我赞成运用一套分析技术来制定战略。”迈克尔·波特在《经济学人》上这样写道。但分析能带来“综合”（synthesis）[①]吗？

请注意，人们一般不把战略规划描述为战略制定的一种辅助手段，或是对包括直觉在内的自然管理过程的支持，而是把战略规划当作战略制定并

① 明茨伯格认为战略是一种综合。——译者注

且代替自然管理过程。据说这是一种恰当的做法——用弗雷德里克·泰勒（Frederick Taylor，1913）最喜欢的一句话来说，这是创建战略的“一种最佳方式”。

有趣的是，这种做法颇具讽刺意味，因为战略规划漏掉了泰勒提出的最重要的一个信息。泰勒曾特别指出，必须充分理解工作流程后，才能对其进行正式规划。他自己对此进行了详细的论述。但是，在有关规划的文献中，没有任何关于管理者应如何制定战略的论述。相反，人们只是假设战略规划、战略思考和战略制定都是一个意思，至少在最佳实践中是如此。CEO“如果没有始终遵循战略规划的原则，可能会严重危害甚至毁掉战略思考的前景”，彼得·罗伦基（Peter Lorange，1980）这样写道，但他没有提供任何支撑案例。

事实是：首先，这些花哨的规划图表里从来没有一张能说明战略实际上是如何创建的，即那些天才企业家，甚至是有能力的普通战略规划者，他们的综合过程是如何再现的。其次，大量的研究（其中大部分是由支持规划的研究者进行的）试图证明战略规划是值得的，但从来没有成功过。实际上，大众商业媒体上的大量逸事证据[①]揭示出完全相反的结论。（只要遇到一位热衷于战略规划的中层管理者，无论是谁都会说：“天哪，战略规划那么有趣吗？我对明年的规划有点迫不及待了！”）

美国公共行政学、政策科学和政治学领域的大师级学者艾伦·威尔达夫斯基（Aaron Wildavsky，1974）曾得出结论：（美国国防部前部长）罗伯特·麦克纳马拉（Robert McNamara）在美国政府开展的战略规划方面的尝试（即 PBBS[②]）轰动一时，“却彻底失败了”。但是，如果通用电气和德州仪

---

① 指来自传闻、故事、个人经验的证据，与之相对的是科学证据。——译者注

② 应为 PPBS（Planning-Programming-Budgeting System），规划－计划－预算制，即通过投入产出分析把目标规划、计划制订与预算编制融为一体的预算管理模式。——译者注

器（Texas Instruments）的经验具有典型性，那么战略规划在商业领域也同样失败了。极具讽刺意味的是，美国企业虽大肆批判集中规划，但又对集中规划如此迷恋。他们的原因都是一样的——希望系统能够在过度发展的组织中起到管理者所不能起到的作用，但这都是徒劳的。

最后，我想在此提出主要观点。那就是，正式化并没有起到作用——创新从来没有实现制度化。事实恰恰相反，战略规划更多时候毁了战略思考。

研究表明，战略制定是个极其复杂的过程，涉及最复杂、最微妙，有时甚至是潜意识的人类认知和社会过程。我们发现，战略的形成必须通过各种信息的输入，其中很多信息无法量化，与其相关者得之，无关者失之。我们知道，环境的动态变化始终让我们无法令战略的形成过程遵循预定的安排，或者进入某种预定的发展轨道。战略不可避免地表现出某些突发性，而且即使是经过深思熟虑的，它们也常常显得不像是出自正式的规划，而更像是出自非正式的愿景。另外，时断时续的并以发现偶发事件和识别意外模式为形式的学习不可避免地成为新战略制定过程中的关键因素之一。因此，我们可以得知这一过程需要洞察力、创造力以及综合力，而所有这些都不是正式化所必备的因素。

战略规划的失败就是正式化的失败，说明系统并没有比有血有肉的人做得更好或一样好。它是对“非连续性”（discontinuities）预测的失败，是以程序来提供创造性的失败，是用硬数据来代替软数据的失败，是通过进度安排来应付动态变化的失败。很明显，系统没有提供任何改进方法来处理人类大脑信息过载的问题；实际上，它们常常让事情雪上加霜。信息的机械式组合并没有解决存在于人类直觉中的任何根本性问题。所有关于“人工智能”“专家系统”之类的承诺从未在战略层面实现。正式的系统当然可以处理更多的信息，至少对硬信息如此。它们可以对信息进行合并、聚合、移动，但可能永远无法将其内化、理解、综合。分析从来无法起到它应起的作用。从字面意义上讲，规划只“规”不“划”。

此类规划系统存在的问题不在于它属于哪一具体类别，而在于分类过程本身。对盒子进行再多的重组也无法解决盒子本身存在的问题（此结论也可以很好地延伸到组织结构重组方面）。与创造力类似（或与创造力一样），战略制定需要超越条条框框，从而创造新的视角和新的组合。“生活不止我们划分的那几类”，有人曾如此打趣。“蛋头先生”（Humpty Dumpty）[①]告诉我们不是所有破碎的东西都能恢复原样。

有人曾经谈论那些在通往大谬的道路上避开了所有陷阱的专家。战略规划之大谬便在于：由于其本质是分析而不是综合，因而战略规划从来也不是战略制定。通过对可以组成整体的部分进行定义，分析可能在综合之前发生并为其提供支持。通过对综合的结果进行分解和正式化，分析可能在综合之后发生并使其更加细化。但是，分析不能代替综合。即使这种细化再多，正式程序也无法预测非连续性，无法让脱离实际的管理者了解实情，无法创建新的战略。因此，如果没有以前的战略，战略规划根本无法开展，更不用说规划新的战略了。所以一直以来，“战略规划”都名不副实。它本应被称为“战略程序化”（strategic programming），并作为一种过程来发扬光大，以便在必要时将已制定战略的结果正式化。归根结底，我们证明了“战略规划”这个词是一个自相矛盾的概念。

资料来源：*The Rise and Fall of Strategic Planning* by Henry Mintzberg, New York: Free Press, 1994. First two excerpts from pp. 186-187 and pp. 282-283. The third excerpt adapted from pp. 294-321.

① 英文俚语中指的是又矮又胖的人，常见的形象是一个拟人化的鸡蛋；也是一首著名的英文童谣，歌词里有“所有的兵马都修不好它”，所以 Humpty Dumpty 也有“一经损坏便无法修复的东西”的含义。——译者注

STRATEGY
BITES BACK

管理与魔法

马丁·L. 金普尔
Martin L. Gimpl
斯蒂芬·R. 戴金
Stephen R. Dakin

或许，我们做规划另有原因。金普尔与戴金两位教授认为做规划是一种迷信行为，为的是缓解焦虑。他们认为很多预测近似于魔法，带着徒劳的控制执念陷入了控制的错觉中。

要有长期的天气预报才能出发，因为天气状况极其不可预测。

《纳塔尔每日新闻》(*Natal Daily News*)
转引自《笨拙报》(*Punch*)，1982 年 6 月 16 日

人类行为中存在着一个根本的悖论——世界变得越不可预测，我们就越发寻求并依赖预测和预言带给我们的启示。我们可以这样类比：当气候变化极其不确定时，我们寻求天气预报；在不确定的贸易环境下，管理层对预测和规划行为产生持续的兴趣。那么，当天气不可预测时，我们为什么还继续寻求天气预报呢？因为我们认为管理层对如同魔法仪式般的长期规划、预测以及对其他几种面向未来的技术的迷恋都可以被看作一种缓解焦虑的迷信行为。而预测、规划与魔法仪式具有相同的作用。长期以来，人类学家和心理学家一直认为，魔法仪式和迷信行为都非常重要：它们使世界看起来更具确

定性，并在应对能力上给予人们信心；它们团结了管理阶层，而且至少在预兆好的时候，它们诱导人们采取行动（Perlmuter & Monty，1977）。此外，这些仪式也可能起到维持现状的作用。

迷信行为是指这样的行为：在“理智”的人看来，它不可能产生被认为应该产生的因果效应（Jahoda，1970）。埃伦·兰格（E. J. Langer，1975）将其称作“控制错觉”，即相信各种事件是有因果关系的，而客观上并非如此。

随着我们的环境变得越来越不舒适和不可预测，迷信行为的数量和强度都在增加。迷信盛行于瘟疫、饥荒和战争时期。社会人类学家马林诺夫斯基（Bronislaw Malinowski，1951）认为，人类只有在机会和环境未由知识完全控制的情况下才会诉诸魔法。为了说明这一点，他描述了特罗布里恩群岛（Trobriand Archipelago）的捕鱼活动。在内湖捕鱼容易而且安全，因此生活在那里的村民没有任何与捕鱼相关的迷信行为。相比之下，在开阔水域捕鱼更危险、更具不确定性，因此那里的村民有很多与捕鱼相关的迷信行为。

类似地，在当今不确定的贸易环境中，我们可以料想会有类似“迷信”行为的出现。因为管理者试图预测和控制事件，而这些事件就当前的条件和技术而言显然是不可预测和不受控制的。这些条件促进了从资本预算到评估中心等各种预测手段的使用。这些手段有用吗？如果没用，那么我们可以合理地将其称为迷信。

下面，让我们讨论一些管理行为。我们认为这些行为会被归类到迷信的行列。

预测。每个时代的人都会关注对未来的预言。在20世纪之前，西方主要的预测方法包括占星术、手相术和纸牌占卜术（看塔罗牌）（de Givry，1971）。次要的预测方法包括观看屠宰动物的内脏（罗马人等使用这种方式）

和观看烤过的肩胛骨上的裂纹（罗马人和拉布拉多印第安人使用这种方式），以及后来引入的看水晶球和看茶叶等方法。

考虑到技术的复杂性，尽管一些古老的预测方法具有高度复杂性，但在我们看来，相比于使用现已大多受到学术界质疑的古老技术，使用当今的预测程序来预测国内生产总值（GDP）和其他时间序列没有太大差别。

计量经济学教科书中提到，对于短期预测，复杂的计量经济学模型比其他较为简单的方法更加准确，而根据 J. 斯科特・阿姆斯特朗（J. Scott Armstrong，1978）的调查，计量经济学家似乎对此深信不疑。阿姆斯特朗没有发现这些信念的实证，也没有发现计量经济学模型比简单朴素的模型好到哪里去。

马克利达基斯和希波恩（Makridakis & M. Hibon，1979）测量了从朴素预测模型（naïve forecasting model）和移动平均预测模型（moving average forecasting model）到博克斯－詹金斯方法（Box-Jenkins technique method）等各种时间序列分析方法在 111 个不同时间序列上的准确性。朴素预测模型（即简单假定下一期的值将与最近一期的相同）的表现超过所有更复杂的方法……你会发现它类似于看星星、看茶叶和看内脏等预测方法。

魅力型领导者将迷信作为在不确定的时代提供确定性的工具。这类领导者的存在可以为他人增强信心、指导行动，而且假如事情仍然不顺，他还会为受害者提供替罪羊。现代的经济预报员的预测和法师求雨的区别可能更在于他们的穿着，而不在于他们预测的实质。

到目前为止的讨论都暗含这样的想法，即迷信是不受欢迎的，以及应该防止控制错觉的产生。但在某些特殊情况下却恰恰相反，迷信行为对个人和群体来说明显都是高度实用的。

在极端模糊的情况下，人们可能会容易陷入无助情绪中（Perlmuter & Monty，1977）。当人们感到失控时，会表现出不活动的倾向，什么也不做。当然，在这种情况下，更合宜的做法是做点什么——任何事情都可以，因为活动可能会让你发现以前从未注意到的控制因素。因此，就控制感这方面来说，迷信可以促进必要的活动。迷信的另一个主要作用在于促进随机行动。在一个随机的世界里，最佳行动方案就是随机行动。精心设计的魔法仪式起的正是促进随机行动的作用……

O. K. 摩尔（O. K. Moore，1957）介绍过拉布拉多印第安人使用驯鹿骨的情况。当狩猎不力而食物短缺时，他们会请示神谕来决定狩猎的方向。他们首先将驯鹿的肩胛骨放在炽热的火炭上；然后，他们把由热量引起的骨头裂纹当作地图来解读。神谕所指示的方向基本上是随机的。摩尔指出，这是一种非常有效的方法，因为如果拉布拉多印第安人不使用随机数生成器，他们就会陷入既有的偏见之中，从而倾向于在某些地区过度捕猎。此外，任何有规律的捕猎模式都会让动物衍生出逃避技巧。通过狩猎模式的随机化，拉布拉多印第安人捕获到猎物的机会大大增加了……

如果说迷信在行动随机化上是有用的，那么与迷信相关的魔法仪式的作用就是使随机行为合理化。德文斯（Devons）曾指出，政府或国有化行业进行理性规划的难度非常大，并表示：

> 没有哪位财政大臣可以在下议院介绍他的货币和财政政策提案时说："我已经看过了所有的预测，有些预测这样说，有些预测那样说。因此，我决定掷硬币，如果正面朝上，就假设有通货膨胀的趋势；如果反面朝上，则假设有通货紧缩的趋势。"

因此，经济数据的使用使管理者得以证明采取随机行动的合理性。

说了这么多，很明显，许多管理上的迷信是不起作用的。虽然它们在不确定时期有助于减少焦虑并建立信心，但它们可能仅仅是为延续过去的做法提供理由，而不是支持创新。这是它们作用失灵的基本原因。大部分技术并没有产生随机数据，而是引入了一个有偏差的序列——驯鹿可能摸清了你的模式。

资料来源：© 1984, by The Regents of the University of California. Reprinted from the *California Management Review*, "Management and Magic" by M.L. Gimpl and S.R. Dakin, Vol 27, No 3. By permission of the Regents.

所有占卜师都是骗子。即使有谁说了实话，那也是骗局。

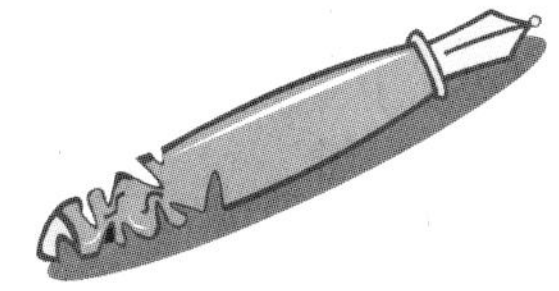

谚语

STRATEGY
BITES BACK

视角 3
根据计算得出的战略

要有梦想，我的海伦，不过要验证一下。
——哲学家、理论物理学家马里奥·邦格（Mario Bunge）

分析显而易见的事物需要非凡的头脑。
——英国数学家、哲学家怀特海

在没有数据之前就进行理论化是个致命的错误。
——柯南·道尔

科学就像爱情一样，过于专注技巧很可能会导致失败。
——社会学家彼得·伯格（Peter Berger）

IT IS FAR MORE, AND LESS,
THAN YOU EVER IMAGINED...

导读

Strategy Bites Back

规划的发展可能停滞不前，但分析的发展并没有。事实上，分析变得更加流行。在规划者取代或者至少试图取代管理者之后，分析者则把两者都取代了，而且往往装扮成了管理者。管理变成了计算，战略制定变成了确定数字，而战略本身也变成了定位——确定产品在市场中的位置。

同样，所有这些都有好有坏。其中有很多好的想法。然而，它们往往被为分析而分析的过程所裹挟。由于战略变成了定位，而且是通用的、非定制的定位，因此可以说，战略制定的过程变成了一种选择而不是发明。换句话说，公司只要复制即可，而不用创造。所有这些都对咨询顾问们大有益处。他们做好了计算的准备，并带着大量的技术在硬数据中跋山涉水。

本章第一篇“豆腐块”文章把战略比喻为向市场发射的火箭，以帮助读者理解在这种战略观中出现的所有概念。第二篇文章是一个轻松的小案例——日本“马桶大战”，与臀部定位的问题有关。第三篇、第四篇“机关枪”文章对计算的方方面面提出了疑问：第三篇讲的是硬数据的软肋；第四篇与简单技术的盲目性有关。

战略

STRATEGY
BITES BACK

“发射”战略

亨利·明茨伯格
Henry Mintzberg

概念（可以大胆地说是流行语）刻画了战略形象观的特点。各种概念以惊人的速度出现和消失。因此，第一篇文章以向市场发布产品为喻，为我们提供了一个术语表。这毕竟是一种相当强势的战略观。

在与定位有关的大量战略管理文献中，各种概念以非一般的速度出现并消失。因此，我们有必要把它们加以整理，制定一个框架把它们都装进来，并提供一个术语表来说明它们是什么。即使对于那些在某个领域里埋头苦干的专家，这份术语表也是有用的。在分析的世界里，综合的东西少得可怜。

因此，本文提供了一个小模型。它是可视化的，因为在某种意义上，只有这种方式才能让人们理解这些概念。这个模型也是某种隐喻，它由一个载体，即发射装置（代表组织），向着各种目标（代表市场）投送发射物（产品和服务），并且发射装置在面临较量（或竞争）的情况下，希望自己的发射物与目标相匹配。

载体（组织）

组织被描述为一种发射装置，它开发、生产并向市场分销其产品和服务。

为了做到这一点，它发挥了一系列的业务功能，而这些功能按顺序组成了迈克尔·波特（1985）所称的价值链。正如下图所描述的，（产品和流程的）设计和生产是基础平台，而供应与采购（包括融资）构成一座发射塔。行政与支持（如公共关系和劳资关系）则构成了另一座。运载火箭有两级推进器（在产品飞行过程中会掉落）：第一级代表销售和营销，第二级代表产品分销。

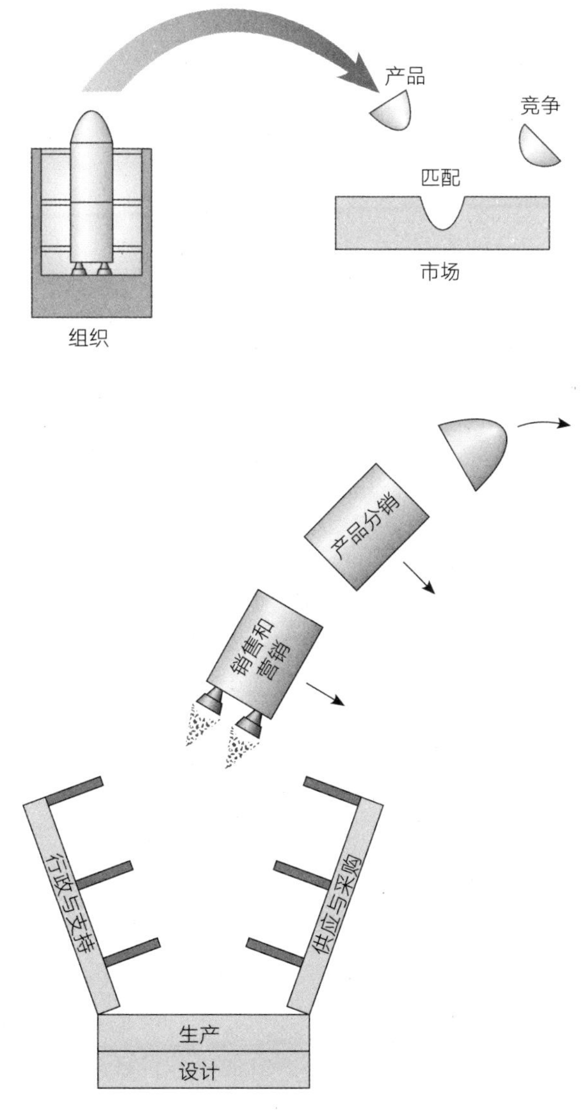

业务功能的实现要运用一系列核心竞争力或多种能力（如进行研究或低成本生产的能力），并辅以各种资源或资产（包括专利、机器等）。

目前流行的理论认为，组织应该尽可能剥离其非核心的竞争力，目的是变得精益和灵活，从而能够集中精力做最擅长的事情。剩下的部分应该从供应商那里购买。因此，垂直整合的旧战略，即涵盖了组织的上游供应商及下游中间客户，以便组织能严格控制他们的活动的战略，被新的外包战略所取代，从而形成了虚拟组织。

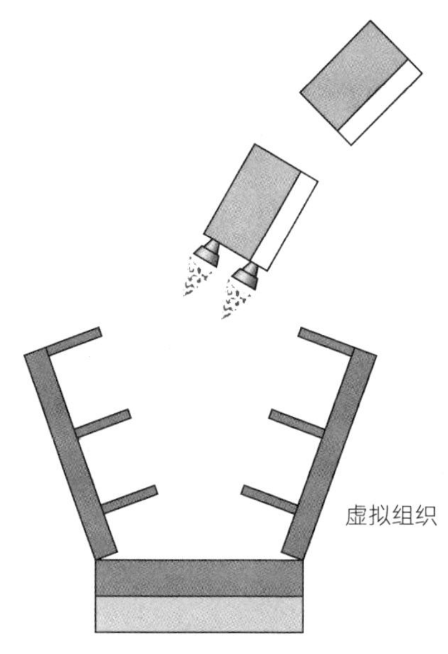

能力可以通过各种形式整合起来，如通过合资企业或与合作伙伴结成的联盟、许可协议、特许经营关系以及长期合同等其他形式，这些形式的广泛组合构成了网络。

发射物（产品和服务）

沿着价值链前进的结果是创造出产品或服务，然后把它们推向目标市场。可以通过一组通用战略来描述完成这一过程的各种方式。这些通用战略可以根据发射物的性质（大小、形状、环境等）和发射顺序（频率、方向等）来划分。首先是产品本身的通用战略。

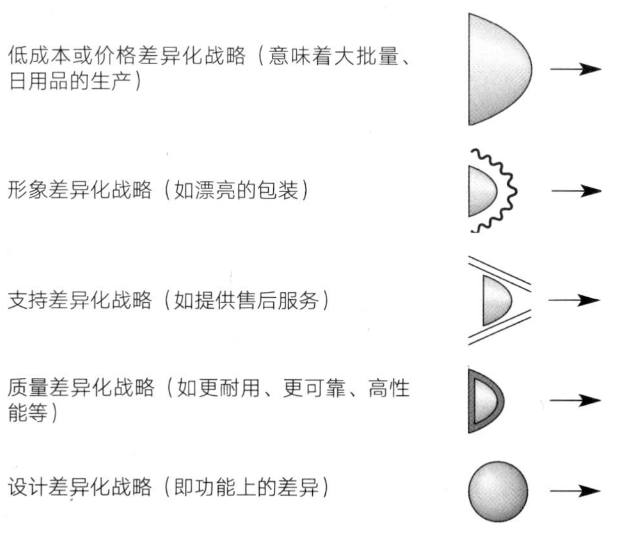

其次是丰富或拓展所提供产品的市场战略。

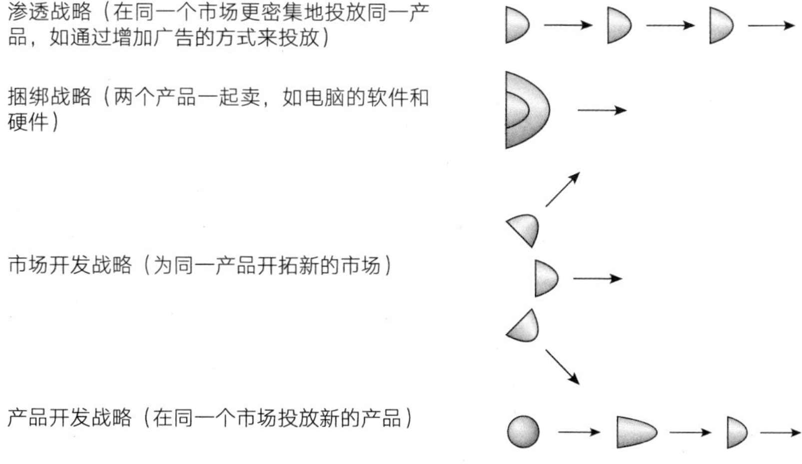

多元化战略（在不同的市场投放不同的产品）

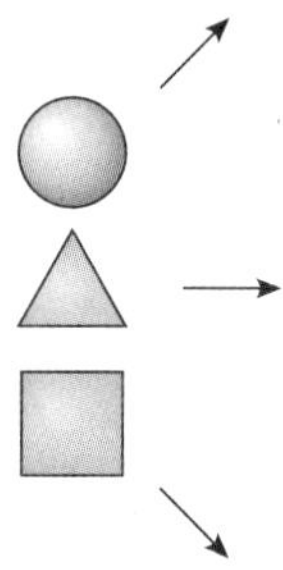

目标（市场）

下图展示的是市场（目标地点）的一般特征，其划分依据首先是规模和可分割性，其次是位置，最后是发展或变化的阶段。

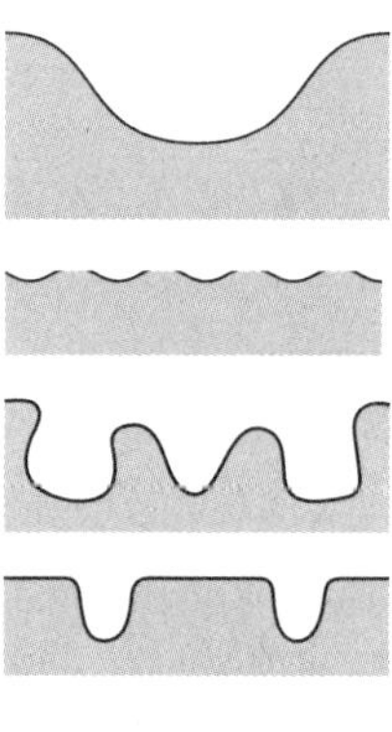

大众市场（规模大、同质化）

分散市场（很多小的利基市场）

细分市场（不同的细分需求市场）

不活跃的市场（买家稀少、偶尔有交易的市场，如核反应堆市场）

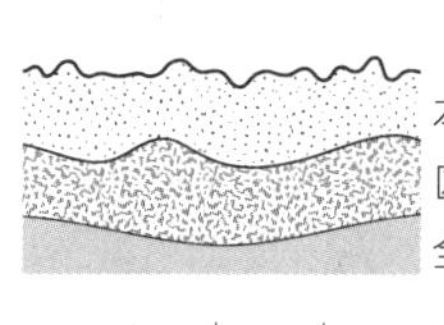

地域市场（从地域视角来划分的市场）

新兴市场（年轻的、尚未清晰界定的市场）

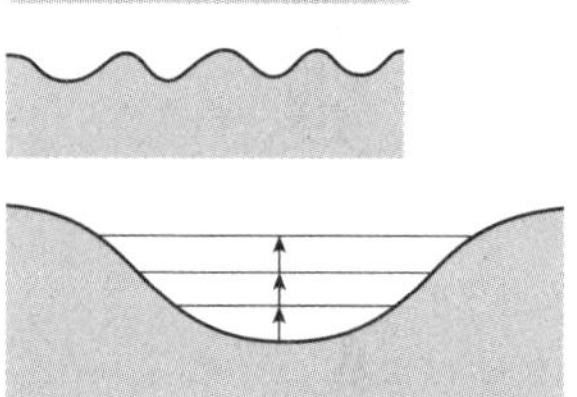

成熟市场（已清晰界定的市场）

侵蚀市场

喷发市场（正经历不稳定变革的市场）

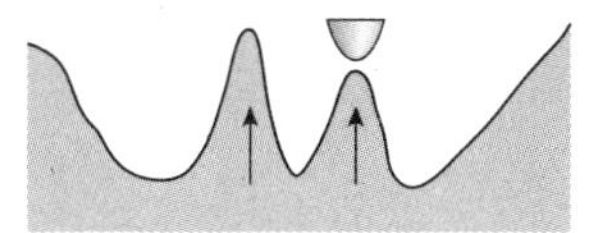

行业与群组

一个市场在哪里结束，而另一个市场又从哪里开始？经济学家花了大量的时间来思考如何识别行业，比如通过定义 SIC[①] 代码等方式。然而，这在很大程度上是武断的，因为他们往往刚找到一个行业，战略规划者就把它毁了。

在我们的术语里，行业可以定义为由相关市场组成的景观，并且通过地理位置上的障碍物与其他行业分隔开来。在经济学和战略定位的文献中，这些障碍物被称为进入壁垒，如某种特殊的诀窍或与客户的密切联系会阻止潜在的新竞争者进入。迈克尔·波特（1980）用战略群组的概念来阐述这一观点，然而战略群组其实是一种子行业，涵盖了追求类似战略的公司（如全国性的新闻杂志机构、相对于针对业余摄影师等特定受众的杂志机构）。换句话说，战略群组的区隔在于流动壁垒，即转换群组的难度，即使它们同处于一个大行业。这些概念很容易在我们的比喻中找到对应物。如下图所示，较高的壁垒用于区隔行业，而较低的壁垒用于区隔战略群组。

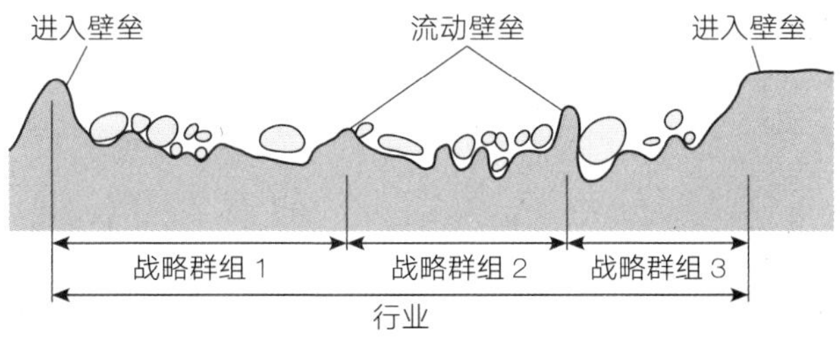

① Standard Industrial Classification (SIC) 即标准行业分类法。——译者注

匹配（战略定位）

当产品与市场（发射物与目标）结合在一起时，我们便触及了战略管理的核心概念——匹配，或者说战略定位，即产品与市场结合的状况。下文关于匹配的讨论是有逻辑性的，首先，讨论所提供产品的广度与所服务市场之间的匹配度（波特称之为范围）。其次，我们将转向匹配的质量及其改善方法。

商品战略：针对某个（认知中的）大众市场投放单一的、标准化的产品

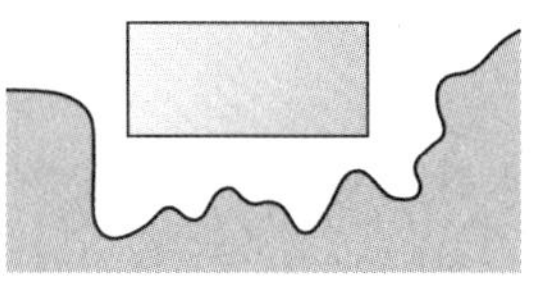

细分战略：针对某个（认知中的）细分市场投放适合于不同细分部分的一系列产品

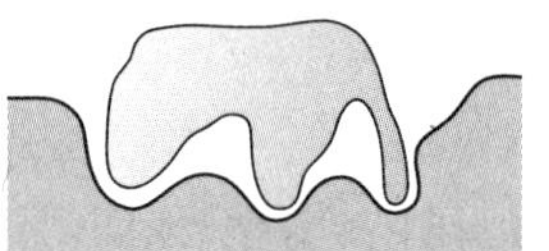

利基战略：针对某个小而孤立的细分市场投放一种清晰界定的产品

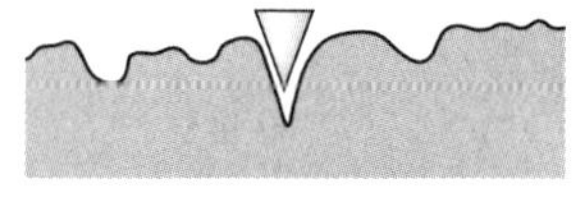

定制化战略：无论是利基化还是细分化，其终极目标都是根据某一特定的用户需求来设计或调整特定的产品，如根据用户需求来设计、建造住宅

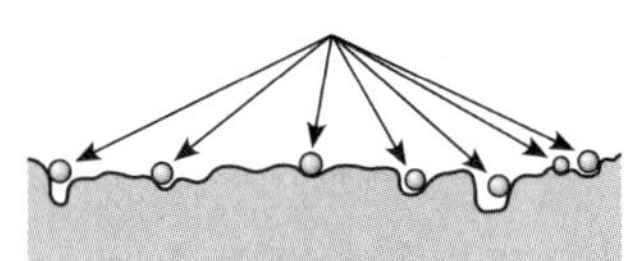

一旦匹配度或范围确定下来，接下来关注的就是它的强度，即牢固程度（它的持久性或可持续性）。

我们要确认产品与市场是否非常自然地相互匹配，要确保无论是产品创造了市场，还是市场促进了产品的开发，它们之间都是自然匹配。自然匹配在本质上是可持续的。例如，由于转换群组的成本较高，因而群组往往可以获得内在用户的忠诚度。

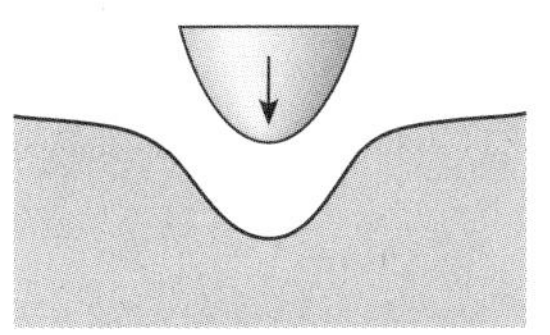

自然匹配：产品推动

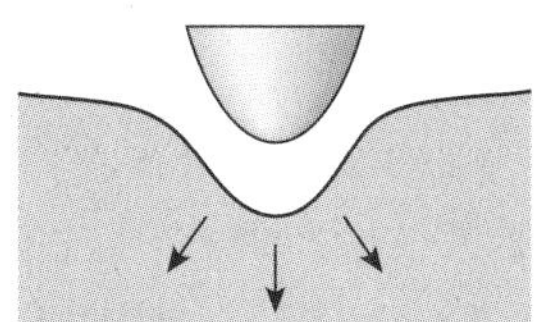

自然匹配：市场拉动

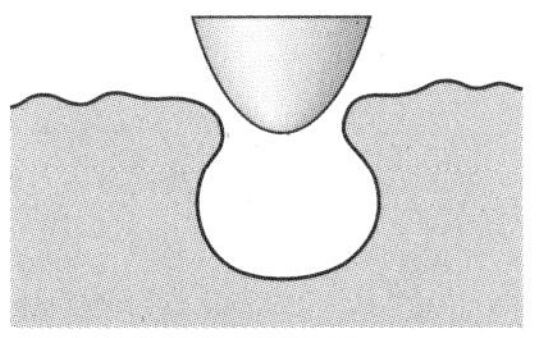

强制匹配

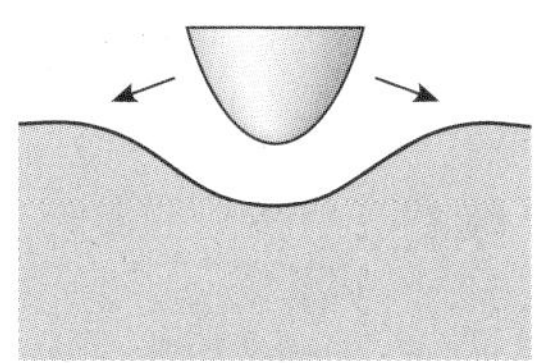

脆弱匹配

自然匹配区别于强制匹配以及脆弱匹配，后两者强度很弱，在受到竞争者的攻击或用户失去兴趣时，产品很容易被驱逐出去。

当匹配并不完美（在一个不完美的世界中总是如此）并且难以持续时，组织的注意力必须放在所谓的强化机制上，从而改善匹配度；或者放在隔离机制上，从而保护匹配度。我们运用比喻的手法对此提出了三类战略。

深钻战略（更深入地进入市场，如通过投放广告来加强品牌忠诚度，但这种做法可能成本很高）

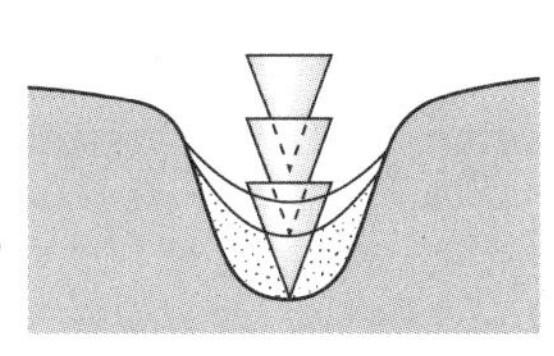

包装战略（为产品提供支持以加强匹配度，如提供完善的售后服务，或使用辅助性的品牌，但卖方可能会因此陷入困境）

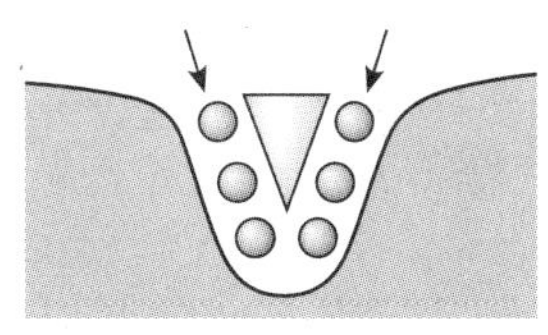

强化战略（围绕匹配处建立壁垒或庇护所，如寻求关税或专利权保护，以及与用户签订长期合同，但这些都可能被推翻，或是使卖方看不到其他地方发生的变化）

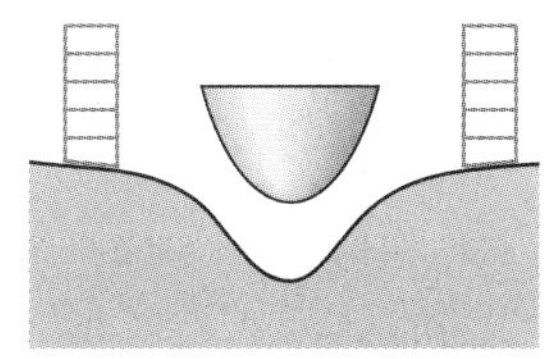

还可以采用一种学习战略，通过提高适应性来改善匹配度。例如，可以沿着经验曲线，利用在越来越多的产品生产或对用户越来越了解的过程中产生的稳定学习流，或者也可以利用战略的互补性，如快餐零售业中的特许经营与大规模预制。

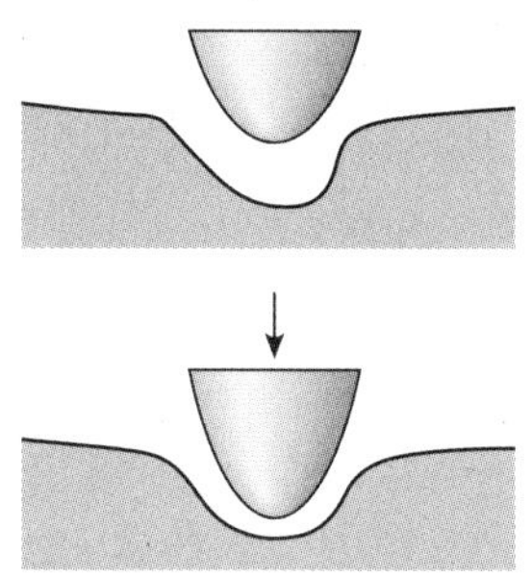

当然，还是会有不匹配的情况发生，具体有以下几种。

能力不匹配（所提供的产品超过了市场的接受能力）

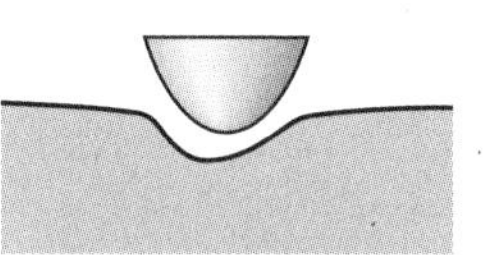

竞争力不匹配（生产者的能力不符合市场需求）

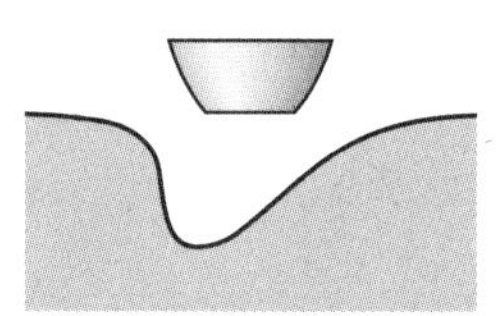

设计不匹配（对市场而言，是错误的设计）

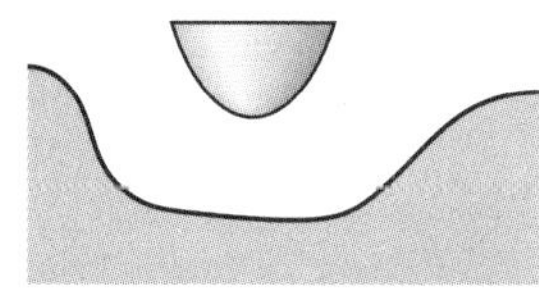

沉没型不匹配（产品由于退出壁垒而被困在市场里，如不能用于他处的专用机械）

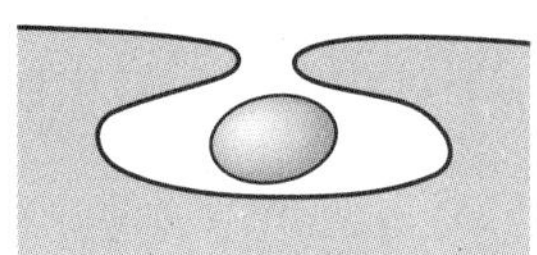

短视型不匹配（生产者无法看到市场，原因可能是过度关注其他市场）

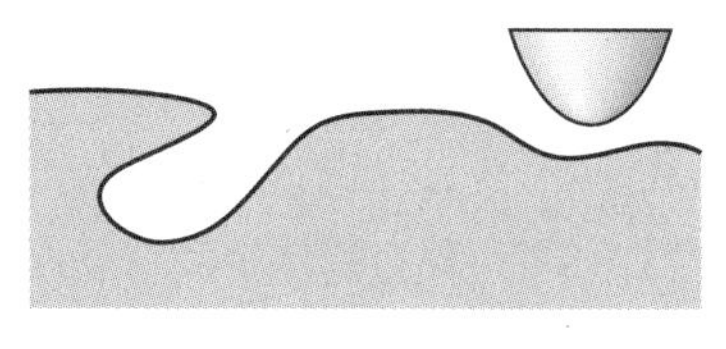

地点不匹配（生产者处在错误的地方，而且无法触达市场。原因可能是壁垒过高）

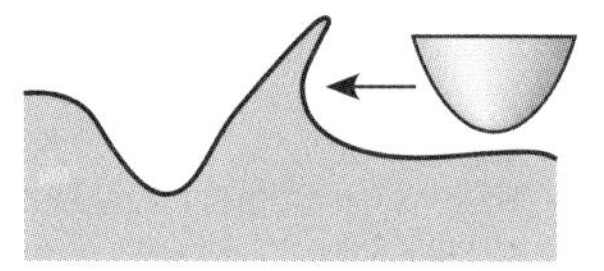

较量（竞争）

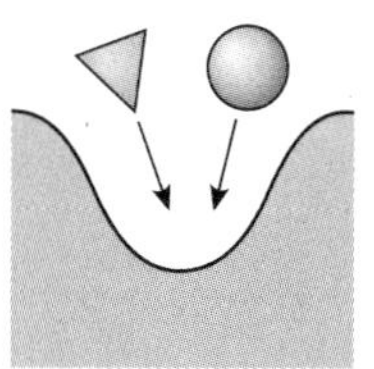

在前面的论述中，几乎所有的关系都是在单一卖方和一个或多个目标市场之间建立的。但是，卖方和买方都不会是单一的。由竞争者构成的市场中存在着较量，而且竞争者有能力做得更好或做出自己的特色。因此，我们要回归经济学来描述各种竞争情形（见下图）。

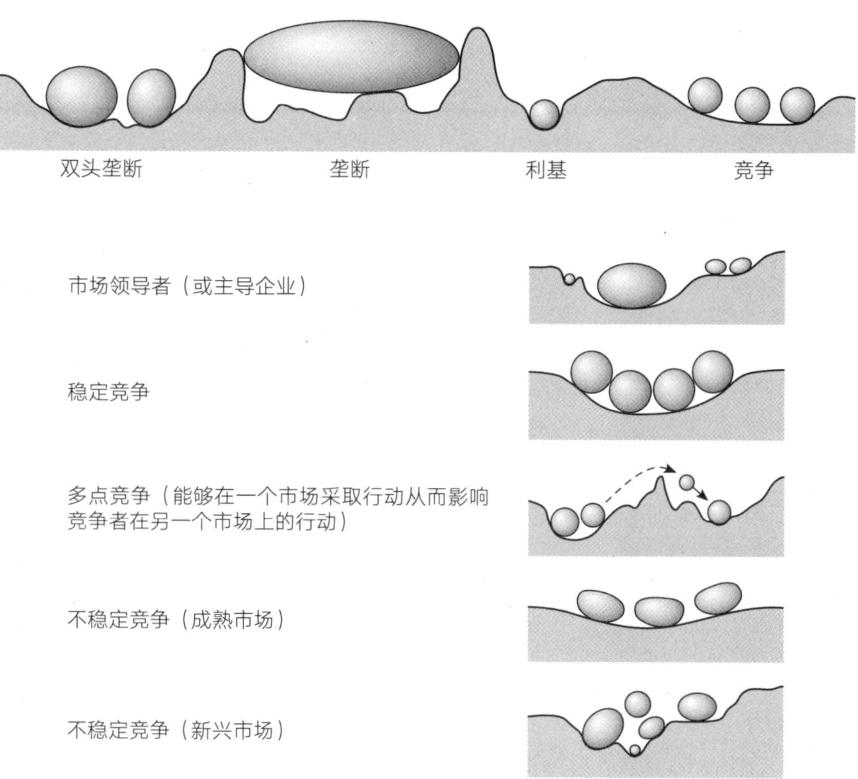

可竞争性

显然，市场是可竞争的。新的竞争者可以设法参与进来。在这方面，我们特意借鉴了军事战略的相关资料。

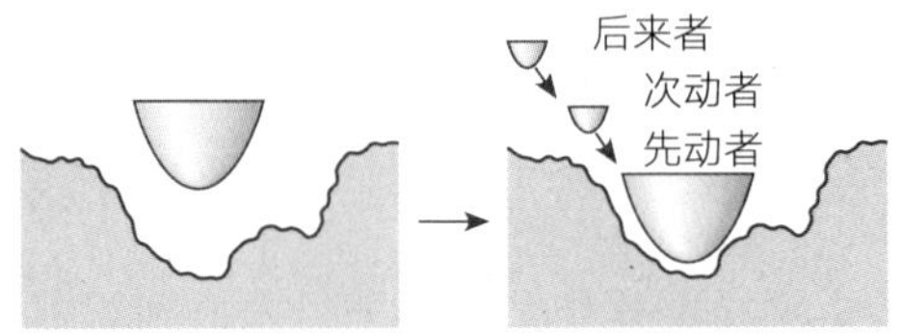

如上图所示，先动者设法在新市场中找到定位，从而阻止对手进入。但是后来者（包括次动者）出现了，即使后来者不能完全取代先动者的地位，也会设法争得市场份额。值得一提的是，战略窗口是指能够采取先期或后期行动的机遇期，如当竞争对手的工厂发生罢工时，后来者可以采用各种军事战略（见下图）。

正面进攻（通过集中力量的方式，如削减成本）

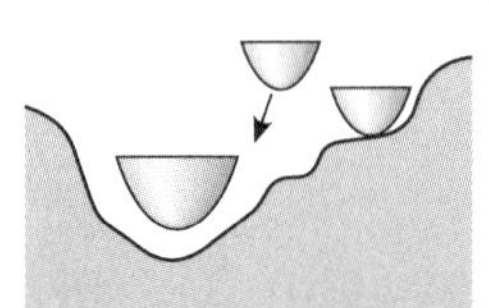

侧面（非直接/侧翼）进攻，包括以下方式：

- 釜底抽薪（如通过更低的价格挖走对方最不忠诚的用户）

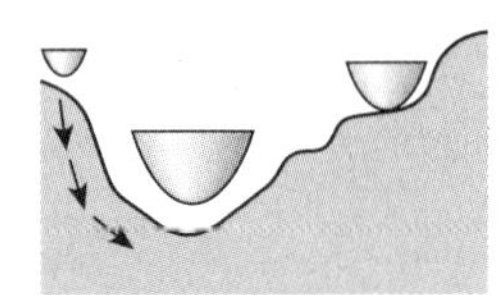

- 攻击辅助品牌（目的是动摇主品牌）

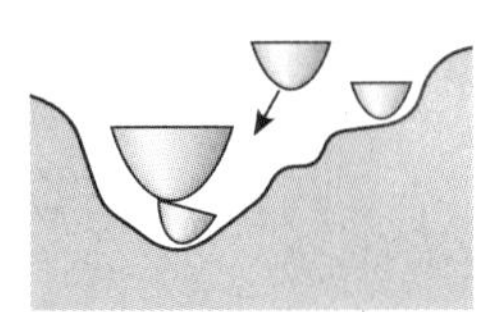

- 攻击防御工事（连续打击，如为取消关税壁垒而进行游说）

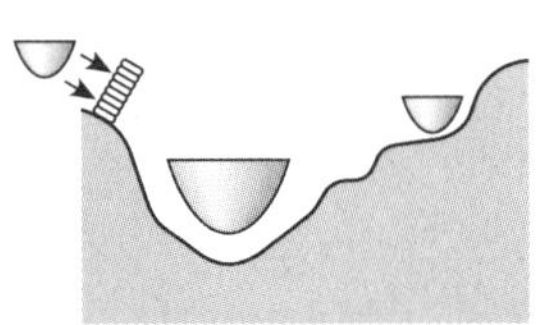

游击战（开展一系列“打了就跑”的小规模攻击，如突然大促销）

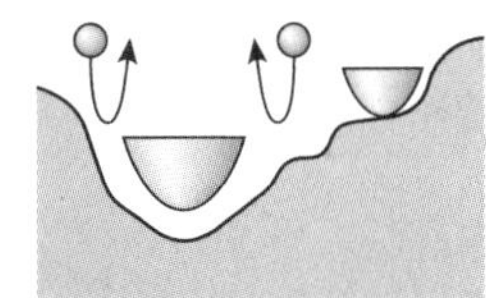

以佯攻传递市场信号（给人以要采取行动的错觉，如假装扩建工厂来吓跑潜在的竞争者）

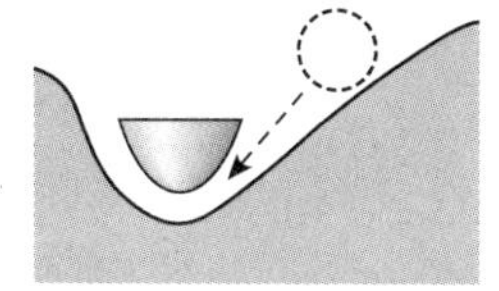

通过利基战略开辟出小块疆土（有时被称为“捡面包屑”）

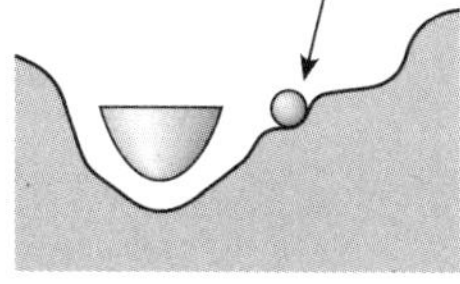

竞争对手可能与现有市场的玩家达成一致，结果便是各方都安下心来执行某种协作战略，也许会形成一个亲密无间的价格垄断或市场资源配置联盟

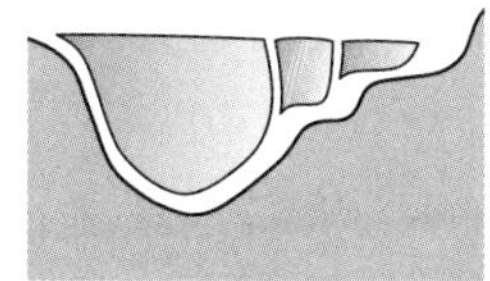

然而，真正有创造力的战略规划者会避开上述几类战略，或者至少是以创新的方式将它们重新组合，从而形成一种新战略。对于此类战略没有图示，因为没人能够知道它会是什么样子的！

资料来源：“A Guide to Strategic Positioning” in H. Mintzberg, J. Lampel, J.B.Quinn, and S. Ghoshal, Eds., *The Strategy Process: Concepts, Contexts and Cases*, Upper Saddle River, NJ: Prentice Hall, 2003: pp. 127-138.

STRATEGY
BITES BACK

日本“马桶大战”

詹姆斯·布鲁克
James Brooke

如何更好地表达“战略即定位”这一观点？请看这篇关于马桶的文章，它讲述了日本制造商之间的“马桶大战”。

·

日本的“马桶大战”发端于2002年2月。当时，松下公司的工程师推出了一种配备电极的马桶座圈，可以释放微弱电荷穿过使用者的臀部，生成体脂率的数字测量结果。

竞争对手伊奈（Inax）公司的工程师对此不以为意。作为反击，他们在4月推出了一款能在黑暗中发光的马桶，而且红外传感器检测到人类靠近后能使马桶盖自动掀起。使用时，马桶会随机播放6种背景音乐中的一种，包括鸟鸣、流水声、风铃声，以及日本传统竖琴的弹奏声。在日本的房子里，“唯一一个可以独自一人安静坐着的地方，可能就是马桶上”，伊奈公司市场负责人井口正弘说道。

5月，松下公司推出了一款价值3 000美元的“皇家马桶”，它不仅能自动翻开盖子迎接用户，还能通过双喷嘴向外喷气，达到冬暖夏凉的效果。首席工程师松井博之拍着这台马桶界的“凯迪拉克”说：“你可以在30秒内将浴室的温度降低 7 摄氏度。”

6 月，日本马桶巨头东陶（Toto）公司推出产品 Wellyou。它通过一个可伸缩的机械臂控制的小勺子收集尿液，并自动检测用户的尿糖水平。

无论是家庭医疗中心还是供冥想的禅修空间，未来的马桶可能会从像松下公司那样的实验室里生产出来。那个地方极其神秘且竞争激烈，来访的记者和摄影师都不允许进入。如今，选择马桶已不再像 20 世纪时那样，美国人应为此做好准备。松下马桶的用户可以通过设置让马桶在特定的时间把浴室预热或预冷至设定的温度。对那些不太经常使用马桶的用户来说，这款马桶可以设置冲洗并按摩臀部的水流的温度和压力，这个功能在日本非常受欢迎。这款马桶已经进入几乎一半的日本家庭，普及率比个人电脑还高。但是，喷水马桶有时会让外国游客感到困惑，并引发一些小事故。

对有些人来说，这种普及情况是一个国家变得软弱的危险迹象。他们担心，被宠坏的日本未来之子们精神恍惚地坐在有空调的“皇家马桶”上，将无法与使用蹲厕的邻居竞争。

90 岁的退休教授西冈秀树是私人机构日本厕所协会（Japan Toilet Association）的主席。他说他一直建议日本的新学校里应该至少设有“一个或两个旧式的蹲厕”。但是在一个与美国佛罗里达州人口一样多的国家，真正能带动销量增长的将是能连接互联网的医疗马桶。“你可能认为马桶就只是马桶而已，但我们想把马桶变成一个家庭健康测量中心。”松下公司工程师松井博之在日本奈良的一次演讲中如此说道。“我们打算在马桶里安装各种仪器，用来测量体重、脂肪、血压、心跳、尿糖以及尿液中的白蛋白和血液。”测量结果将通过一部能联网的内置在马桶内的移动电话发送给医生。通过远程监测，医生可以了解使用者的身体健康状况……

但一想到“智能马桶”会横冲直撞地将人们的隐私信息到处乱发，一些自由主义者就会做噩梦。他们还带着如同乔治·奥威尔（George Orwell）的名著《一九八四》里的“老大哥”式的恐惧，担心有主计算机监控着数百万人的肠道运动，夜以继日地查看谁便秘了、谁没有吃豆子以及谁喝多了。“我认为通过马桶拿到的检测记录与我们在体检时拿到的检测记录一样，都应该是保密的。”日本自由人权协会（Japan Civil Liberties Union）主任劳伦斯·利佩塔（Lawrence Repeta）说，“否则可能会有警察调查员将此视为发现使用非法药物者的绝佳工具。”

资料来源：Originally published as, “Japanese Masters Get Closet to Toilet Nirvana” by James Brooke. Copyright © 2002 by the New York Times Co. Reprinted with permission.

STRATEGY
BITES BACK

硬数据的软肋

亨利·明茨伯格
Henry Mintzberg

人们常说，“你如果不能测量它，就不能管理它”。这篇文章则认为，你如果只能测量它，那最好不要管理它。

如果数据是“硬”的（即有记录而且已量化），规划者和管理者便可以坐在办公室里了解情况，而不需要出去与员工或客户见面，也不需要搞清楚产品卖得怎样或市场状况如何——那纯粹是在浪费宝贵的时间，现在是计算机时代，系统会代劳。但系统真的能代劳吗？我认为，硬数据会严重扭曲任何基于它的战略制定过程。

多项研究表明，各类管理者主要依靠的还是口头交流，这大约占他们80%的时间。为什么呢？因为硬数据存在以下弱点。

第一，硬信息[①]的获取范围大多有限，缺少丰富性。这类信息倾向于提供描述依据，而不是提供解释，例如，它们揭示了销售的损失，但不说明是什么因素导致买家离开。这就是为什么与一个不满的客户谈一次话，有时会

① 硬信息是指从硬数据中获得的信息。——编者注

比看一份宏大的市场调查报告更有价值。此外，对量化的强调往往会阻碍对一系列因素的考虑，而这些因素虽然影响较小，但对战略的制定同样重要。

问题是，许多对战略制定很重要的信息永远不会成为硬信息。客户脸上的表情、工厂里的气氛、政府官员的语气等，所有这些对管理者来说都是信息，但对系统来说则不是。这就是为什么管理者一般要花大量时间来开发他们自己的“个人信息系统”，包括各种关系网和线人网，如雇员、客户、供应商、政府官员、竞争对手以及许多其他人。

第二，很多硬信息过于集中，因而无法在战略制定中得到有效运用。对管理者来说，想要解决信息量过大且时间紧迫的问题，显而易见的解决办法是将信息汇总。但随着组织越来越大、管理层级越来越高，要汇总的信息也变得越来越多，管理者面对的就不再是几棵树，而是一大片森林。

依赖硬信息的谬误在于存在这样一种假设：在汇总的过程中没有什么损失。现实情况却是大量的信息丢失，而且丢失的往往是信息的本质部分。看到森林可能是件好事，但前提是树木之间没有发生任何事情。即使是木材公司也不能只看森林就制定战略，他们需要研究木头、地形以及很多其他细节。

第三，很多硬信息来得太晚，因而无法在战略制定中发挥作用。信息需要时间才能“变硬”。趋势、事件和绩效需要时间才能被记录成“事实”。这些事实需要更多的时间被汇总成报告，而如果要按预定日程讲演报告，那么需要更多的时间来打磨报告。因此，硬信息本质上是历史信息，它反映的都是过去发生的事情。但是，战略制定必须是一个主动的、动态的过程，通常要针对即时刺激迅速展开。所以最终结果经常是：管理者们还在等待信息“变硬”时，竞争对手已经抢走了有价值的客户，工人们正进行自发性的罢工，而新技术正削弱现有产品线的竞争力。这个世界不会等待信息变成能被规划者及其系统接受的形式后再做出行动。

正如政治家必须了解民众的情绪，而不是一些枯燥乏味的支持度统计数字一样，企业管理者必须了解真正的客户，不要只了解客户的历史购买习惯。这些都是管理者绕过正式系统来建立自己的非正式系统的原因，也是每个卓有成效的管理者绝大部分信息来源于流言、传闻和猜测的原因之所在。

第四，不可靠的硬信息数量惊人。按理说，软信息由于受到各种各样偏差的影响会被认为是不可靠的。相比之下，硬信息则应该是有形的和精确的，毕竟它们是以电子化形式传输和存储的。但事实上，硬信息可能也不可靠，甚至往往比软信息更为不可靠。

在对信息进行量化的过程中，即在形成电子数据前，总会损失一些东西，而这并不只是数字上的四舍五入，还有最初将混乱事件转换为数字表格过程中产生的损失。井尻（Ijiri）、R. K. 杰德凯（R. K. Jaedicke）和 K. E. 奈特（K. E. Knight）（1970）从会计学视角指出，定量方法只是现实的“替代物”。而且，有些方法相当粗糙。任何人只要做过定量测量，无论是在工厂里用废品数量代替产品质量，还是在大学里用出版数量代替科研质量，或是在资本预算工作中估计成本和收益，他就知道其中失真的可能性有多大——无论失真是有意的还是无意的。

在对第二次世界大战期间英国空军部（Air Ministry of the British Government）飞机生产的“统计和规划”进行描述时，德文斯（1950）介绍了一系列耸人听闻的故事。要收集这些数据是非常困难和微妙的，需要“高度的技巧”，然而这份工作却“被视为低级的、丢人的常规性工作，即使最没有效率的雇员也能做得非常好”。数据里存在着各种各样的错误，甚至连月份也没处理好，例如将含有这样或那样的假期的不同月份视为一样的。“数字往往只在总结、判断和猜测的时候，才有一定用途”，而且有时是建立在“相当武断的假设”的基础上，甚至是通过“统计上的讨价还价”得来的，即官员们在估计值上的互相妥协。过去“相当草率”地“大胆提出”的猜测，有时会被抓住不放并延续下去。

但是，“一旦有人提出了一个数字，这个数字很快就被公认为‘约定的数字’，因为没有人能够通过理性的论证来证明它是错误的，并提出一个更好的数字来代替它”。当这些数字变成图表，并由那些不理解的人所使用的时候，各种奇怪的行为就产生了，例如：一名管理者盯着一条线，说那条线“尾部太陡”，因此要求员工在接下来的几个月“减掉”10%；于是，那就“成了正式的飞机计划”。

之所以出现这样的问题，是由于存在这样一种强烈倾向，“认为任何用数字表示的东西都必然是精确的，一旦将这些数字称为‘统计数据’，它们就变得权威和神圣”。

德文斯认为，“数字使决策达成的过程具有明显的科学合理性。人们通常认为，一份含有统计数据的文件要优于纯文字的文件，因为如果承认数字有不足之处，就相当于承认了方针决策不是在理性的基础上做出的”。

当然，软信息也有问题。比如，它的大部分内容是推测性的；它依赖于人类的记忆，而这种记忆可能是模糊的；它受到各种扭曲心理的影响。在理想情况下，战略制定要同时考虑硬信息和软信息。但仍然有管理者不得不依靠软信息的时候。例如，销售经理在今天听到一位大客户会与竞争对手共进早餐的传闻，明天可能会演变成生意的丢失，在两者之间做出选择时，哪位销售经理会犹豫而不在一开始就对前者采取行动呢？而且，正如前面所提到的，一个心怀不满的客户说出的故事，可能比所有市场研究数据更有价值。原因很简单：我们虽然也许能从后者中发现问题，但前者能够提出解决方案。总的来说，硬信息可以为智者提供信息，但智慧主要还是来自软信息。

资料来源： *The Rise and Fall of Strategic Planning*, by Henry Mintzberg, New York: Free Press, 1994, pp. 257-266.

STRATEGY
BITES BACK

数字的荣耀

公共机构非常热衷于积累数据——他们收集数据，把数据相加、乘以 n 次方、取立方根，并做成精彩的图表。但你永远不要忘记，这些数据源自村庄的守望者，他们高兴填什么数字就填什么数字。

乔赛亚·斯坦普爵士（Sir Josiah Stamp）
英国实业家、统计学家

学生们要求一位数学教授按照 32、38、44、48、56、60 的顺序给出下一项。他被告知，这个序列的特性是他所熟知的，而且答案很简单。这位教授经过一番努力想出了一个复杂的多项式，但还是找不到问题的答案，于是放弃了。答案为“Meadowlark”，是城市地铁第 60 街之后的高架站。教授每天都会乘坐那趟地铁，并在 Meadowlark 站下车。

查尔斯·韦斯特·丘奇曼（Charles West Churchman）
美国哲学家

一位参与了男性性行为研究的受访者事后痛苦地抱怨，他的男性自尊受到了伤害："无论我告诉研究者什么，他都直直地盯着我的眼睛问，'多少次'。"

亚伯拉罕·卡普兰（Abraham Kaplan）
《探索的行为》（*The Conduct of Inquiry*）

"我站起来好方便他们计数，他们却让我取个号。"

STRATEGY
BITES BACK

翻转波士顿矩阵

约翰·西格
John Seeger

不仅要注意数字，也要注意技术。这一点我们都知道，例如“工具法则”，即如果你给一个小男孩一把锤子，那么他会发现所有东西看起来都像钉子。现如今，太多的组织看起来就像被砸烂的钉子床。对此，波士顿学院的西格借着 20 世纪 70 年代非常流行的波士顿咨询公司的波士顿矩阵，为我们进行了生动的说明。这项技术可能并不新颖，但西格所传达的信息是永恒的。

波士顿矩阵考虑的是如何将资金分配给公司的不同业务，以及每项业务应采取何种战略。根据该矩阵，一切都取决于市场份额和增长潜力。市场份额高而增长缓慢的业务被称为“金牛”，这样它的利润会被抽走并重新投资于高增长的业务。市场份额低且增长缓慢的业务被称为“瘦狗”，即基本上没有价值，要被清算。相反，高份额、高增长的业务被称为“明星”，必须非常谨慎地照顾它。低市场份额、高增长的业务是一个“问题”或“问题儿童”，因为它需要的现金往往比它所能产生的利润要多。

有了这个矩阵，战略变得容易了。只要把业务放入一个格子中，然后把资金相应地挪来挪去，特别是要从金牛业务中挪到明星业务中。但西格并不同意这一点。对那些因采用这个做法而失败的公司来说，事情并非这么简单。

简单的概念容易被过度简化，而形象的描述则可能会变成刻板的印象。在目前的商业概念中，没有什么比增长/份额模型更容易被过度简化了。它为产品、部门乃至整个公司贴上了“瘦狗”、“问题”、“明星”或“金牛”的标签。这些标签中有 3/4 会被危险地误用，因为波士顿咨询公司哲学的流行版本及各种衍生理论都为每一类业务开出了一个简易的处方：我们应该把“瘦狗”踢走，把“金牛”关起来，把钱扔给“明星”。只有“问题”类业务需要管理层的思考。

这篇评论试图将波士顿矩阵的自身形象彻底颠覆，以此来对上述那些肤浅的方案进行反驳。如果过度简化的倾向来自语言的形象化表述，那么我们必须让这些形象化的表达发挥双重作用。它们必须提醒学习者和管理者注意波士顿矩阵的陷阱及其假定条件。

“瘦狗”也有春天

在波士顿矩阵中，“瘦狗”是指市场份额低的业务组成部分，而且其市场本身已经成熟或正在萎缩——这些是我们应该处理掉的部分，因为它们不会有什么发展。波士顿咨询公司的术语所传达的此类业务形象是一只以我们的资源为食的恶犬，或是一只叼走我们的野餐热狗的癞皮狗。

但也有其他种类的狗，它们自穴居时代以来一直是人类温暖、可爱的伙伴。这些狗充当侦察兵或看门狗，为它们的管理者奉献出绝对的忠诚，并在入侵者来临时发出警报。这些友善的狗在必要时龇着牙，通过建立存在感来阻止它们的野生表亲接近人们的野餐。它们保护着我们弱小的成员，并占据领地从而让攻击者保持距离。我们自家养的狗，能让我们在狗粮和跳蚤粉上的小小投资得到丰厚的回报……

“这是一项瘦狗业务，”一名主要零售产品线的 CEO 说，“我希望能把它摆脱掉。”这种态度无论是犬类还是人类都很容易感知到。可以预见的是，他公司里的管理者会把零售部门视为公司中最没有吸引力的部门，优秀的管理者不会心甘情愿地待在一个被老板认为没有希望的地方。

剥离这个零售部门有点类似于消防队抛弃斑点狗[①]。虽然斑点狗对救火没有多少直接贡献，但它在照片上很好看；它让消防员在等待警报的无聊过程中更加愉快。另外，它还能防止其他狗在消防设备上撒尿。

“金牛”除了现金还产什么

在波士顿矩阵中，“金牛”是在市场上占主导地位的业务，但其市场份额不会继续增长。由于在逻辑上无法获得增长预期，咨询顾问的建议是将该业务作为现金流的产生者来经营。管理层应该拒绝“金牛”业务对新资源的需求，并专注于从其身上榨取尽可能高的回报。

“金牛”这一术语所传达的意象是加倍的不幸。在过度简化的情况下，“金牛”的招牌可能导致组织物质资源和人力资源的逐渐损耗，因为运营管理者学会了不要求新的资源，而高管也学会了不要求该组织生产能力的持续补充……随着“金牛”角色在组织文化中的适应性的自然减弱，持续更新所需的创造性能量可能也会相应衰减。

实际上，随着时间的推移，被归类为“金牛”可能意味着该业务部门被置于一个与世隔绝的地方，从而将外界对其的干扰降到最低，并把该业务部门所有注意力都聚焦于单一的目标，即高现金流的产生。“挤奶经理”会是喂养奶牛并在短期内使奶牛保持健康的专家。不过，他们可能并不擅长维护牛舍。特别是在需要大量的支出来进行长期改进的情况下，“金牛”管理者可能会推迟对现金流有短期损害的各项投资。

① 斑点狗在美国被当作消防队的吉祥物，被誉为“消防员的好伙伴”。——译者注

在一个被指定为金牛的组织中，如何保持高水平的创造能力、创新能力和活力是一个悬而未决的问题。其中一个解决方案便是换一个视角来看待波士顿咨询公司符号的象征意义。一头奶牛能产的不仅仅是牛奶，如果适当地受外部影响并在环境力量的驱动下，奶牛还可以产下牛犊。

奶牛已经有了，产下牛犊所需的投资便会难以置信的少；没有奶牛，再多的投资也无济于事。同样，假如有了创造性的人才，那么产生创意所需的投资也会很小。然而，如果自然活力已经燃烧殆尽，那么再多的努力也无法产生创意。认识到新项目的重要性可能有助于保持一个自然适应的组织所需的创造力，即使业务部门本身缺乏开发这些项目的资源也没关系。提供业务部门以外的开发渠道，比如到公司内的其他部门、新的子公司、合资企业，或对休假期间的企业家进行开发，可以让该部门的人员看到持续创意的效用。在总体经济增长放缓的时期，没有一家公司会因为某个好主意出自一个“不应该”增长的部门而拒绝它。我们也不能让“金牛”的标签扼杀创造力和适应性，而这两点在竞争日益激烈的时代对于企业的生存是至关重要的。

只要我们忍住冲动、不去过度简化，对这些组织来说，用乳品业做类比是合适的。在农场里，即使是产奶产得最好的奶牛最后也会奶水干涸。人们把农场主对此的解决方案委婉地称为“刷新”奶牛：安排一场与公牛的约会，奶牛生了牛犊，牛奶又开始流淌。而把奶牛关起来，将其与给料槽和挤奶机之外的一切事物都隔离开，一定会让奶水干涸。

错误不在于“明星”，而在于我们自己

在波士顿矩阵中，“明星”业务是指在增长的市场中占有主要份额的业务。这类业务需要资源和投资，以便充分利用其中的机遇。这类业务也是积极进取、雄心勃勃的人所追求的，他们渴求的是业务增长的刺激和挑战。正是在“明星”业务中，人们的职业声誉得以彰显，并成为公认的赢家。

然而，遗憾的是，并非所有的“明星”业务都能成为长期赢家。目前的市场份额和市场增长率并不足以证明投资的合理性，虽然它们足以让该业务被标榜为明星业务。对波士顿咨询公司处方的过度简化，可能会导致公司在某些增长率不可持续的领域进行投资。虽然，不可持续的原因有很多，但在回溯性的市场分析中并不明显……

尽管如此，在合适的条件下，“明星”的类比是恰当的。我们以恒星本身为例。人们对它们的了解基于旧的信息。当通过望远镜观察到一颗恒星时，人们看到的是其过去有活力的证据，但不知道这颗恒星现在是否还在产生能量。人们观察到的光已经传播了极其漫长的时间，在某些情况下已长达数十亿年，而其源头可能早就退化成了一颗白矮星甚至是一个黑洞，它会吸收我们愿意投入的任何资源，且不允许有任何回报。

同样，组织中的“明星”业务基于其过去的表现在波士顿矩阵中占有一席之地，但它们是否值得额外的投资则取决于其未来的潜力，而不是过去的表现。

结　论

我对波士顿矩阵中“问题”业务的定义没有异议。波士顿矩阵认为，这项业务是增长型市场中的非主导型参与者，需要管理层的思考。其实，所有类别都需要管理层的思考。

没有哪一种管理模型能够稳妥地代替分析和常识。模型对管理者来说是有用的，因为它们有助于确定思考过程的顺序；模型对管理者来说也是危险的，因为它们可以使判断出现偏差或者代替了分析。

资料来源：“Reversing the Images of BCGs Growth/Share Matrix” by John Seeger in the *Strategic Management Journal*, 1984: pp. 93 - 97, John Wiley & Sons Ltd. Reproduced by permission of John Wiley & Sons Limited.

STRATEGY
BITES BACK

视角 4

以愿景为蓝图的战略

没有图画，灵魂就不会思考。

——亚里士多德

只有少数人用自己的眼睛去观察，用自己的内心去感受。

——爱因斯坦

如果你不知道目的地在哪里，那你必须小心，因为你可能永远无法到达那里。

——美国传奇棒球巨星
尤吉·贝拉（Yogi Berra）

理智之人让自己适应世界，而不理智之人则努力让世界适应自己。因此，所有的进步都取决于不理智之人。

——萧伯纳

IT IS FAR MORE, AND LESS,
THAN YOU EVER IMAGINED...

导读

Strategy Bites Back

这一章更有趣，让我们把视角放回有血有肉的人类身上，关注一下有血有肉的个人——战略愿景家。在本章，我们收集并挑选了一系列丰富多彩的“豆腐块”文章，这些文章有的与战略愿景家相关，有的则与“战略愿景”(strategic visions) 和“战略愿景构想”(strategic visioning) 相关。本章还包含很多饶有趣味的名人名言，如莫扎特说他一眼就看到了交响乐，而逻辑诡辩学的奇人雷蒙德·斯穆里安 (Raymond Smullyan) 则声称某些问题之所以成为问题是因为被贴上了问题的标签。本章的“豆腐块”文章几乎都很短小，并且妙趣横生。

愿景家好找，他们不像规划者那样躲在办公室里。商业媒体中流行着这样的故事：历尽艰辛的 CEO 神奇地指导他们的公司取得了巨大的成功（有时还有后续的失败）。如今我们有明星运动员，也有明星 CEO。但我们想要的不只是明星，还有真正对愿景有洞察力的人以及真正的愿景家。愿景家有时就像母亲一样默默无闻，他们赋予战略以非凡的清晰度，为公司的业务引入新的视角，但却很少大张旗鼓地宣传。

我们从形象战略开始，思考公司形象与战略之间的关系。然后我们来看看战略思维，它与规划和分析大为不同。接着我们会看到，有时愿景看起来并不那么美好。它们可能过于抽象，使观者变得目光短浅，从而将组织引入歧途。

在这之后，我们转向愿景家，即作为“艺术家”的 CEO。首先是著名 CEO 理查德·布兰森（Richard Branson）的反思，然后看看他们与工匠以及技术专家的区别。但是，愿景家一定是英雄吗？接下来的一篇文章表明：由于英雄式的管理者并不具有远见卓识，因此很多卓有成效的管理者都在安静地管理。本章以约瑟夫·兰佩尔的一篇文章结尾，他在该文章中描述了母亲教给他的战略课。

STRATEGY
BITES BACK

你见或者不见

当你被某种伟大的目标、某个非凡的项目激励时，你所有的思想都会打破束缚；你的思维会超越限制，你的意识会向每个方向扩展；你发现自己身处一个伟大的、全新的、奇妙的世界。沉睡的力量、能力和天赋苏醒过来，而且你会发现自己成了一个更伟大的人，远远超出曾经梦想中的自己。

瑜伽大师帕坦伽利（Patanjali）

有时我觉得自己像一头眼神不好的犀牛，并且注意力很不集中；它向着很远处的物体冲去，然后忘了要去哪里，于是停下来吃草。

某市场部主管

STRATEGY
BITES BACK

企业形象的战略

亨利·明茨伯格
Henry Mintzberg,
弗朗西斯·韦斯特利
Frances Westley

请设想一下，公司有了丰富的形象就能造就有洞察力的战略吗?

如果你仔细思考，那么你会发现战略就是一种定位。但如果你体验过，那么战略就是一种“观念”(perspective)。对于“perspective”这个词，字典用了这样一些语句来定义，如“描绘空间关系”“一种头脑中的观点”“在眼前空间中的存在状态”等。换句话说，战略制定不仅是概念性的，而且是一个符号化的过程，战略与形象息息相关。

这种情况是直接形成的，因为战略往往是以隐喻或形象的方式来构思、理解和传达的。毕竟，好的战略规划者是“愿景家”。但这种情况也可能间接形成于组织所追求的战略与其有形形象之间的联系中，比如组织标识、产品美学、建筑以及内部装饰等。

我们是否可以说，具有丰富的有形形象的组织更倾向于追求更深刻、更有创造性、更特立独行的战略，而那些缺乏形象的组织则会追求肤浅、平庸的战略？大西洋和太平洋茶叶公司[①]（Great Atlantic and Pacific Tea Company）更名为 A&P 公司，这是否有助于解释它从创造性探索到堡垒性防御的战略转变？一家公司的标识从精心设计的盾徽（如早期的加拿大皇家银行标识）、富于象征意义的形象（如快马邮递标识中的马和骑手），重新设计为抽象、脱离实体、程式化的标志（如一笔画出的流线造型的字母“CN”，或毫无特征的矩形的字母“GM”），这是否等同于说明其战略也是抽象、程式化、毫无特征的？也就是说，这是不是变成了某个定义明确的“战略群组”中的“通用”定位，比如快餐汉堡行业的汉堡王；而与之相对的则是让战略成为各种想法和丰富创意之间的联结，比如宜家。

当独特而美丽的建筑变成清一色的玻璃盒子，当复杂精细的生产设施被抽象的、让人看不懂的设备所取代，当“铁路”或“电话”等名词从公司名称和标识中消失，以至于没人知道该公司生产什么时，战略是否会变得和形象一样贫乏？

假如有形形象只反映了战略，或者与战略一样都是某种更广义上的衰败过程的牺牲品，并不影响战略本身，那么我们是否可以通过重振有形形象来重振战略愿景？为了充实战略，组织是否应该回归有人情味的建筑、丰富的标识，以及既有内容又有个性的各类名称？请你想象一下这样的结果会是怎样的。

资料来源：“Spinning on Symbolism: Imaging Strategy” in the *Journal of Management*, Vol. 11, No. 2, 1985: p. 63, Elsevier.

① 成立于 1859 年，是世界上第一家近代连锁商店，也曾是美国最大的食品连锁企业，2015 年宣布破产。——译者注

STRATEGY
BITES BACK

战略思考之“看”

亨利·明茨伯格
Henry Mintzberg

我们可能想得太多而看得太少。那么，战略之“看”是什么意思？

我想最好从战略思考不是什么开始说起。它不是简单遵循某个“行业秘方”，不是抄袭竞争对手的战略，也不是继续做一直在做的事情，除非经过了深思熟虑。换句话说，战略思考不是漫不经心，不是模仿，不是不假思索的坚持。它也不是纯粹的理性活动——把自身与战略主体分离开，然后在纸上或电脑中巧妙地制定出战略，正如今天的许多著作敦促管理者去做的那样，但战略并不是这样的。

因此，对我来说，战略思考与普通思考不同。事实上，由于我认为对战略思考者的恰当描述应为“愿景家”，因此我会把战略思考的种种要素的特征概括为“看”，而不是“想”。下面我将介绍构成战略思维的三对要素，以及将这三对要素串在一起共同构成的战略思考框架的第七个要素。

几乎所有人都同意战略思考意味着向前看这一观点。但其实你只有能够向后看，才能向前看，因为对未来的任何美好愿景都必须根植于对过去的理解上。用索伦·克尔凯郭尔（Soren Kierkegaard）的话来说就是，生活可能要向前看，但只有向后看才能理解生活。这并不是说战略思考者盲目地由过去来推断未来，而是说，如果对过去一无所知，就无法看到未来。

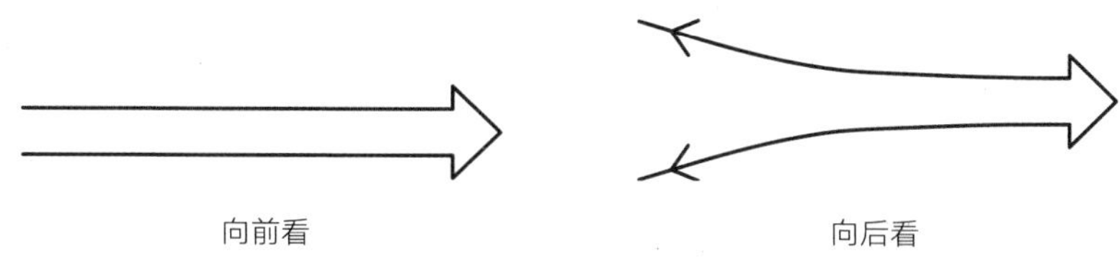

当然，即使对过去有很好的了解，也未必有助于预见未来。关键不是去推断趋势，而是要预见非连续性。这方面没有什么技巧可言，能依靠的无外乎见识、创造性的直觉。

很多战略思考的评论者认为，战略规划者应该“乘坐直升机俯瞰”。至少我认为确实如此，因为战略规划者要避免“只见树木，不见森林”，而据我所知，要做到这一点的唯一方法就是盘旋在树木的上方。因此，对他们来说，战略规划就是从上向下看。

但仅仅“俯瞰”，任何人都无法真正看清“大局”。从直升机上往下看，森林就像一块地毯，而任何曾在森林里散步的人都知道，在地面上看，森林并不是那个样子的。战略规划者如果只待在直升机里，就不太了解森林；如果只待在总部办公室里，也就不太了解组织。

实际上，我更喜欢另一个类比：战略规划者是在寻找未经雕琢的钻石。找到改变组织的思想之宝不正是战略思考者要做的吗？然而，这种想法根本不是来自高高在上的大局观，而是来自大量艰苦和复杂的钻研。事实上，任何战略规划者都没有现成的藏宝图，更不用说前人留下的宝石了。每个人都必须根据钻研出来的细节，自行构建或绘制自己的藏宝图。因此，战略思考也是归纳性的思想活动，即从上向下看必须以从下向上看为支撑。

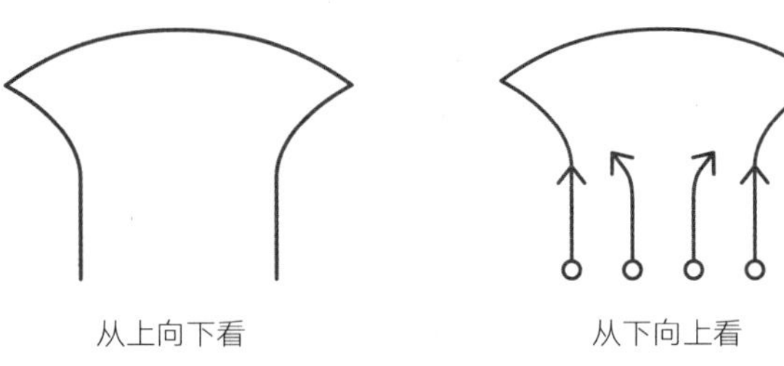

然而，我认为一个人即使能够前看、后看、上看、下看，可能仍然无法成为一名好的战略思考者。要想成为好的战略思考者，还需要更多。首先，需要创造力。战略思考者的眼光与其他人不同，他们能辨识出其他人所忽略的珍贵宝石。他们挑战传统智慧，比如行业秘方、传统战略、其他人熟视无睹的普通世界等，从而将自己所在的组织与其他组织区别开来。人们把创造性思考称为“水平思考”（lateral thinking），我想称之为“从旁边看”。

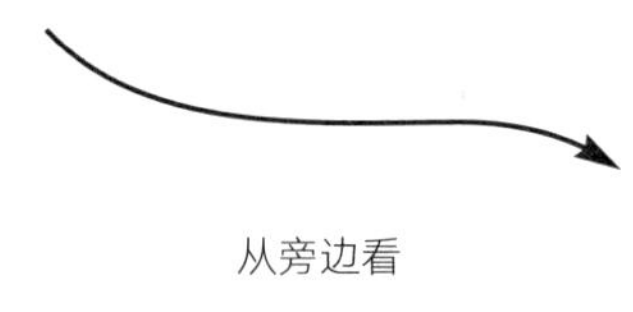

世界上的创意多得让我们应接不暇，只要参观任何一家艺术馆就能明白这一点。因此，要想进行战略性思考，不仅需要“从旁边看”，还必须结合背景，以使其在即将展现在我们面前的未来世界中发挥作用。换句话说，战略思考者也要向远处看。

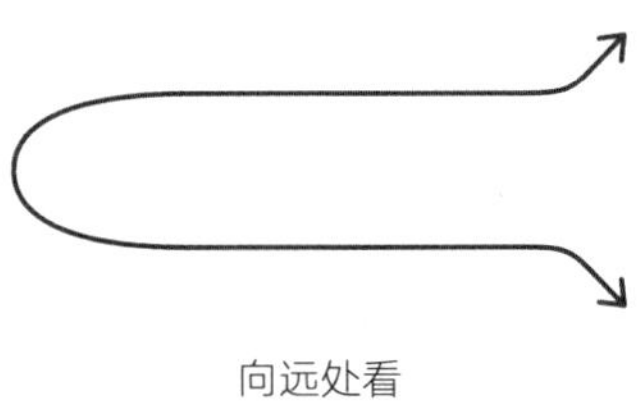

向远处看不同于向前看，后者是基于过去的事件构建一个框架来预见未来，能够直观地预测出未来的非连续性。与之相比，前者则是在构建一种未来，能够创造一个与众不同的世界。

但是这还不是战略思考的全部，因为还存在最后一个必需的要素。假如没有最后这个要素，你之前进行的所有研究工作，包括前看、后看、上看、下看、侧看、远看将不起任何作用。换句话说，一个思想家要想真正具有战略眼光，还得看得透，具备洞察力。要做到这一点可能还需要系统规划，也就是要安排好“看”的顺序。

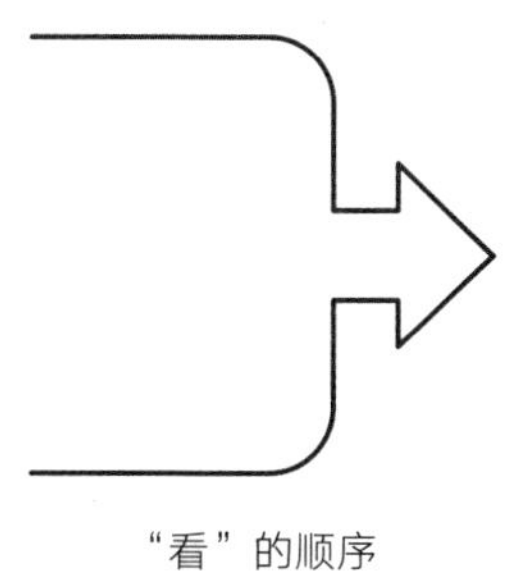

“看”的顺序

总结以上几点，我们得到下面这幅图：战略思考之七“看”。

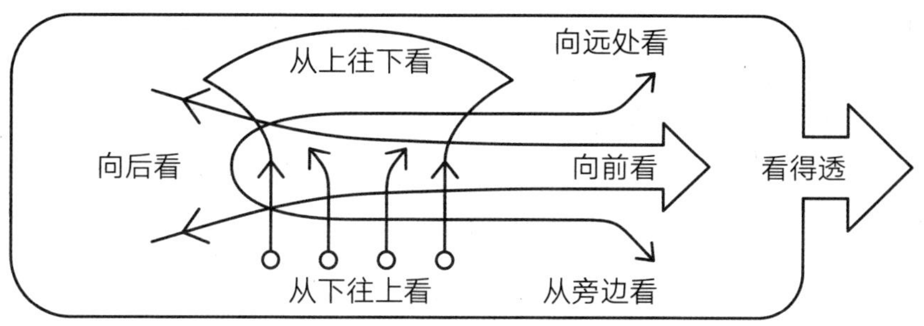

资料来源："Strategic Thinking as 'Seeing'" by Henry Mintzberg in J. Nasi, Ed., *Arenas of Strategic Thinking*, Foundation for Economic Education, Helsinki, Finland, 1991.

STRATEGY
BITES BACK

眼见一首交响乐

莫扎特
Mozart

乐曲的零碎片段最先出现，并在我的脑海中逐渐整合。接着，随着灵魂对它渐渐产生好感，它也在日益生长。于是，我把它铺得越来越广、越来越清晰。最后，它差不多在我的脑海中完成了，即使它是一个很长的作品，我也可以在脑海中一眼看到它的全貌，就像看一幅美丽的画或一个长得好看的人。在这种情况下，我在想象中听到的乐曲根本不是连续的（连续的乐曲晚些时候才会出现），而是所有内容同时出现。这是一场罕见的盛宴。所有的创作都在我的脑海里继续进行，就像做了一场美丽而充实的梦。不过最美妙的还是一下子听到它。

STRATEGY
BITES BACK

问题的问题

雷蒙德・斯穆里安
Raymond Smullyan

有一次，我为一位音乐家进行演奏，他对我在某个段落上的演奏方式大加赞叹。他说我将某个变调处理得很好，还说："你没意识到你解决这个问题的方式是多么了不起！"我必须说，我被吓了一跳……我完全未察觉到任何问题，更不用说解决问题了！整个"解决问题"的想法，尤其是音乐方面的，让我感到非常奇怪——不仅奇怪，而且极其不和谐和具有破坏性。难道你就是这样看待生活的吗？把它当作一系列需要解决的问题？怪不得你享受不到生活！对我来说，赞叹一个音乐家或任何一个艺术家"解决了问题"，简直就像赞叹大海的波浪"解决"了如此复杂的偏微分方程一样。当然，大海确实按照这些偏微分方程卷起波浪，但很难说它"解决"了方程……

我之所以反对这种"问题"式的想法，是因为我深深地相信：当一个人把某些东西贴上"问题"标签的时候，那才是问题真正开始的时候。

短视的"营销短视症"

亨利·明茨伯格
Henry Mintzberg

不是所有的愿景都是优雅的。愿景丑陋也未尝不可，因为它们的丑陋清晰可见。抽象的愿景才会造成困难。它们可能看起来挺有意思，却让我们看不清现实。

1960年，哈佛商学院营销学教授西奥多·莱维特（Theodore Levitt）发表了一篇题为《营销短视症》（Marketing Myopia）的著名文章。大多数管理者或规划者知晓这篇文章，即使他们可能从未读过。

文章的基本观点是：企业应该从广泛的行业角度来定义自己，即菲利普·科特勒（Philips Kotler）和雷维·辛格（Ravi Singh）所说的"潜在的通用需求"（underlying generic needs），而不是从狭隘的产品或技术层面定义自己（Kotler and Singh，1981）。用莱维特最喜欢的例子来说，就是铁路公司要把自己放在运输行业中看，而炼油厂则要考虑能源行业。

很多公司拿这一想法大做文章，纷纷以各种花哨的方式来重新定义自己。例如，一家滚珠轴承公司将其使命明确为"减少摩擦"。这一想法对商学院来说甚至更妙。让学生将养鸡场的业务想象成人类能量供应业务，或者将垃圾收集的业务想象成环境美化业务，还有比这些更好的激励方法吗？但是，这一切都太容易了。这种头脑练习在打开视野的同时，也让人们脱离了拔鸡毛和压实垃圾的现实世界。

问题在于，人们对组织战略能力的某些假设过于雄心勃勃，即认为组织的战略能力几乎是无限的，至少具有很强的适应性。因此，我们看到乔治·斯坦纳（George Steiner）于1979年在文章中提到了这样一个例子，“如果马鞭制造商说他们的业务不是制造马鞭，而是制造马车的自动启动器，那么他们的工厂可能还会存在”。但是，他们究竟如何才能做到这一点呢？这两种产品在材料供应、技术、生产过程、销售渠道等方面没有任何共同之处，只有一点是相同的，就是人们头脑中让车辆移动的构想。为什么对他们来说，以启动器作为产品多元化策略要比风扇皮带或油泵更合逻辑？正如海勒（Heller）所建议的那样，“与其定义为运输配件或导向系统”，为什么马鞭制造商不能把他们的业务定义为“鞭策”？

为什么一篇文章中的几句巧妙的言辞就能让一家铁路公司转向航空业或是去运营出租车？莱维特写道，“一旦企业真心认为它的业务是满足人们的交通需求，那就没有什么能阻止它获得高额利润”（1960），除非它受自身独特竞争力的限制。但实际上，纸上的文字并不能改变一家公司。

莱维特写这篇文章的本意是拓宽管理者的视野。在这一点上，他可能已经成功了，而且过于成功。正如同样来自营销领域的科特勒和辛格所认为的那样，“世界上很少有东西不是潜在的能源业务”（1981）。具有讽刺意味的是，通过在事实上把战略由“定位”重新定义为“观念”，莱维特实际上缩减了战略的广度。内部能力消失了，变成只有市场机会最重要，产品并不重要（铁路公司的高管们“错误地”定义了他们的行业，因为“他们以产品为导向，而不是以消费者为导向”），生产也不重要（“特定形式的制造、加工等不能作为产业的一个重要方面”）。但是，是什么使得市场在本质上比产品或生产更重要，或是比一个聪明的实验室研究人员更重要呢？组织必须建立在有可以利用的优势之上，同时必须避免遭受他们可能从未考虑过的劣势的打击，包括营销方面的劣势。

针对莱维特这篇文章的批评者在这一术语上也是各抒己见。他们指出了各种危害，而这些危害来自“营销远视症”（marketing hyperopia），即“对远处物体的视觉感知比对近处物体的更好”（Kotler & Singh，1981）；或是“营销大视症”（marketing macropia），即把之前狭窄的市场细分抬高到“经验或审慎之外”（Baughman，1974）。我宁愿简单地认为莱维特“营销短视症”的观点本身就是短视的。

资料来源：*The Rise and Fall of Strategic Planning* by Henry Mintzberg, New York: Free Press, 1994: pp. 279-281.

STRATEGY
BITES BACK

作为艺术家的 CEO

帕特里夏·皮彻
Patricia Pitcher

蒙彼利埃高等商学院（École des hautes études commerciales of Montreal）的皮彻写过一本有趣的书，书中讲的是管理者作为艺术家、工匠和技术专家的方方面面。而在这篇短文里，她对 CEO 作为艺术家的一面进行了描写。

如何识别艺术家 CEO ？问：你们对未来的战略计划是什么？答："做大""达到 50 亿美元的销售额""把竞争对手打得落花流水""到 2020 年成为世界领导者"。艺术家可能在细节、方法上有些不足。董事会的报告有时会不太严谨，除非这些报告出自首席财务官之手。在董事会上，艺术家 CEO 可能会公然生气或兴奋起来。艺术家 CEO 是如何说话的？让我们听听其中一位的发言。

战略到底是什么？是宏伟的计划？不是的。战略是你试图向人们灌输一种愿景，并让人们接受。战略来自占星术，来自奇缘、梦想、爱情故事、科幻小说、社会认知、疯狂、猜测的能力。它是清晰的，但却无定形。行动会带来精确性。一开始非常模糊，但在转变的过程中变得清晰。战略创建如同风暴。

假如一位 CEO 这样向董事会谈及“占星术、奇缘、梦想”，董事们总会有些不安。同行和同事会说他胆大、鲁莽、令人兴奋、反复无常、凭直觉行事，或是有企业家精神、能鼓舞人心、富有想象力、不可预知并且有趣。技术专家们会给他贴上“异想天开”之类的标签，或者简单粗暴地称之为疯子。艺术家 CEO 既能交到可靠的朋友，也能结下永远的仇敌。很少有人会有中立的态度。整个组织的氛围也许是十分激动人心的，也许是令人困惑的，也许是令人晕眩的，但仍是令人兴奋的。

资料来源：From the article originally titled “Balancing Personality Types at the Top” in *Business Quarterly*, Winter, 1993 published by the Western Business School, University of Western Ontario, London, Canada.

STRATEGY
BITES BACK

一位企业家的反思

理查德·布兰森
Richard Branson

布兰森负责着维珍（Virgin）的众多业务，他无疑是一位著名的企业家。下面是他给出的建议。

- 对任何人来说，投资中最大的风险就是把钱投到自己不了解的业务上。维珍建立业务时很少会选择完全陌生的领域。
- 我没有依靠别人来做调查或市场研究，也没有依靠别人来制定宏伟的战略。我认为，通过自己实质性地参与新业务，可以最大限度地降低公司的风险。
- 总会有下一个交易。交易就像伦敦巴士，下一辆总会出现。
- 通过合资企业降低风险，而且要有办法退出高风险的业务。
- 随着业务的增长，要防范管理层脱离客户基础。
- “维持小规模”原则使得我们比大多数管理者更能享受到经营自己

的业务所带来的挑战和兴奋。

- 追求一种“买而不造”的战略。
- 如果已经评估过某个项目，并且已经决定要投资，那就别小心翼翼的。马上去做吧！

资料来源：“Reflections of a Risk Taker” by Richard Branson in the *McKinsey Quarterly*, Summer, 1986: pp. 13-18.

STRATEGY
BITES BACK

创业与规划

阿玛尔·毕海德
Amar Bhide

如果美国哥伦比亚大学商学院（Columbia University School of Business）的毕海德在文中所讲的关于创业成功和规划实践的内容属实，那么我们为什么要求企业家制订商业计划呢？

《公司》(*Inc.*)杂志每年都会评选出美国前500家成长最快的公司。通过对1989年“500强”名单中的100家公司的创始人进行采访，我们发现，企业家们在最初的商业计划上花费的精力很少：

- 41%的受访者根本没有制订过商业计划；
- 26%的受访者只有一个初步的、粗略的计划；
- 5%的受访者做出了给投资者看的财务预测；
- 28%的受访者写了完整的计划书。

采访结果表明，很多企业家不屑于制订完善的计划。原因很简单，他们成长于快速变化的行业和利基市场，这样的环境往往会让成熟的公司望而却步。在这种多变的环境下，从容应对比谨慎规划重要得多……

彼得·扎加克维（Peter Zacharkiw）没有进行任何研究，他在《华盛顿邮报》上刊登了一则广告，想要卖掉他的电脑。他收到了50多个人的回应，并把机器卖了出去，赚了一笔钱。扎加克维心想，要是有50台机器，那么就可以全都卖掉了。于是，他决定在家里卖电脑，“首先，我们卖给回应广告的个人。这些人在公司上班，他们会告诉他们公司的采购员：‘嘿，我知道哪里可以买到这些东西。’这是个全靠口碑推荐的生意。我提供的服务比其他任何人都好”。在客户开始要求买康柏（Compaq）电脑后，他的公司便成为康柏公司的经销商，于是生意真正红火起来。“我们是非常被动的，而不是主动的，”扎加克维说，“生意找到我们，我们就做出反应。我从来没有什么商业计划。”

资料来源：Reprinted by permission of *Harvard Business Review* from “The Entrepreneur's Craft Strategies That Work” by Amar Bhide, March-April 1994.

STRATEGY
BITES BACK

安静的管理

亨利·明茨伯格
Henry Mintzberg

愿景管理可以是安静的。事实上，从隐喻的意义上来说，它总是如此的不动声色。因此，一些卓有成效的愿景家的管理方式与其说是高调的、英雄式的，不如说是低调的、安静的。

一家著名的商业杂志社雇用了一名记者来写一篇关于某大型公司 CEO 的报道。此人已经掌舵某大型公司数年，并因其卓有成效的业绩而备受推崇。这名记者提交了一篇出色的文章，抓住了此人管理风格的精髓。但杂志社却拒绝采用，认为它不够刺激，没有可炒作的点，尽管该公司刚刚打破了其所在行业的利润纪录。

在不远处，另一家大公司正在经历戏剧性的转变。到处都在变革，公司里满是咨询顾问，大批人被裁掉。该公司 CEO 一直被商业媒体大肆报道。突然间，他就被炒掉了，原因是董事会认为公司转型失败了。

假如回到 5 年、10 年、20 年甚至更久以前，人们在商业媒体上看到的都是苹果公司的约翰·斯卡利（John Scully）、美国运通公司的詹姆斯·罗宾逊（James Robinson）、美国国防部前部长罗伯特·麦克纳马拉之类的大人物。这些美国管理层的英雄一时间各领风骚。那么，我们不妨思考这样一个观点：也许真正优秀的管理是乏味的。也许新闻界以及所谓的大师们才是问题所在，因为他们将公司的成功归功于个人，并将领导者捧上神坛，之后又败坏后者的名声。毕竟，公司庞大而复杂，人们需要花费大量的精力才能搞清楚真正的情况。人们更愿意假设是天降伟人搞定了一切。这样，故事才会更精彩。

“如何经营企业？把你所知道的知识都忘掉吧，它们大部分都是错的！”《企业再造》（*Reengineering the Corporation*）这本书的封面如此写道。的确如此，“企业再造意味着抛开200年来工业管理所取得的大部分智慧。”更不用说，亨利·福特和弗雷德里克·泰勒（仅以二人为例）在近一个世纪前就“再造”过企业。这种新型的再造“之于下一场企业革命的意义正如劳动分工之于工业革命的意义一样”。我们是否已经被管理上的炒作所麻痹，甚至对这种夸大其词的说法习以为常了？管理领域不缺聒噪的词汇。其中有几个受欢迎的备选词值得特别评论一番。

- 全球化（globalization）：位于瑞士日内瓦的国际红十字会总部有来自50多个国家的管理者。其中的瑞士人很少，甚至秘书长和三位副秘书长都不是瑞士人。我所知道的最接近全球性公司的也许是荷兰皇家壳牌石油公司，其大部分高级管理者来自两个国家，几乎是我所知道的其他公司的两倍。但与国际红十字会相比，仍有很大差距。全球化布局并不等于全球化思维模式。

- 股东价值（shareholder value）：“股东价值”是否只是贱卖未来的另一条老路？它是否只是头脑空空的CEO从富有的公司捞钱的便利途径？

- 赋能授权（empowerment）：真正做到赋能授权的组织不会去谈论这一话题，那些大讲特讲的组织一般都在这方面有所欠缺。他们先是大费周章地剥夺所有人的权力，然后再如同施恩一样赋能授权。事实上，真正的赋能授权是一种最自然的状态：人们知道自己要做什么，并井然有序、顺其自然地做下去，就像蜂巢中的工蜂一样。

- 变革管理（change management）：这是管理领域中噪声最甚的一个。公司不断地被折腾来折腾去。这在当今美国的“正确管理”中都属正常现象，而这种“正确管理”的无知程度令美国的“政治正确”都相形见绌。

1998 年 3 月 2 日，《财富》杂志登出了题为《美国最受尊敬的公司》（America's Most Admired Corporations）的文章。但文中几乎没有提及这些公司的任何事情，都是在讲述它们的领导人。毕竟，如果这些公司成功了，那一定是老板们的功劳。文章的作者惊讶地告诉我们：“信不信由你，有些学术文献表明，领导力并不重要。”同样令他感到惊讶的是，信不信由你，有些商业杂志对领导力如此着迷，甚至认为其他事情都不重要。“在 4 年内，郭士纳让 IBM 的股票价值增加了 400 多亿美元。”这家杂志社曾如此宣称——全凭他一己之力！

几年前，彼得·德鲁克说过，行政管理人员受到条条框框的拘束，而管理者则打破条条框框。之后，亚伯拉罕·扎莱兹尼克（Abraham Zaleznik）声称，管理者做的只是管理，而真正的领导者则是领导人们，指引方向。现在，我们似乎已经告别了那些仅仅发挥领导作用的领导者，转为追捧拯救企业的英雄。相信不久之后，只会拯救的英雄也会过时，届时，人们将呼唤其他的救赎方式。

让我们回到那本关于“再造”的书中：“在再造过程中，鉴于今天的市场需求和今天的科技力量，我们在今天要如何组织工作？人们和企业在昨天是怎么做的，对企业重组者来说并不重要。”

今天，今天，还是今天。然而，假如你想拥有洞见未来的想象力，那么你最好拥有欣赏过去的智慧。如果你发现一位CEO无视组织的过去，喜欢新来的局外人而不是有经验的局内人，倾向于快速解决问题而不是稳步前进，那么我告诉你，这位CEO正在毁掉组织。

所谓的“转型”也面临同样的结局。也许，所有这些转型就是问题所在。管理层的白衣骑士（white knight）[①]难道不会是组织的黑洞吗？如果伟大领导者的离开会使一切崩溃，那么他还称得上伟大吗？或许好的公司根本无须转型，因为它们的领导者没有急于建功立业，从而把公司推入危机的旋涡之中。也许这些公司只是被安静地管理着。

有史以来，人类在医疗卫生方面取得的最伟大的成就是什么？有人认为，不是青霉素或胰岛素的惊人发现，而是净化自来水。也许现在是时候净化一下我们的组织以及我们的思维方式了。本着这种精神，我将对以下几个与安静管理有关的词语提出一些想法。

- 激励（inspiring）：安静的管理者不会向其下属赋能授权，而会激励他人。他们营造出促进开放、释放活力的氛围和条件。例如，蜂王并不做决策，它只是释放出一种化学物质，从而将整个蜂群的社会系统凝聚在一起。在人类的“蜂巢”中，这种物质叫作文化。
  安静的管理者会强化人们之间的文化连接。他们不会把员工当作可抛弃的“人力资源”，而是当作在一个有凝聚力的社会系统中受尊重的成员。当你赋予人们信任时，也就不再需要向他们赋能授权。
  蜂王不会把工蜂富有成效的工作归功于自己。它只是有效地发挥自己的作用，这样工蜂就可以发挥它们的作用。蜂王得不到自身需要以外的额外奖赏。

① 指为避免恶意收购，目标公司主动邀请前来竞购从而解救目标公司、驱逐恶意收购者的第三方公司。——译者注

- 关心（caring）：安静的管理者会关心他们的组织，他们不会像外科医生那样试图把问题切分。他们花更多时间来预防问题的产生，而不是解决问题。这就像是最好的护理——温柔地关怀本身就是治疗。

- 潜移默化（infusing）：一位在一家大型航空公司工作的员工曾经告诉我："要想知道这些年来我们遇到了什么问题，只要看看我们总部的部门构成就知道了。每当遇到一个问题，我们就成立一个新的部门来处理它。"这就是侵入式管理，只要有新问题产生，就塞进来某个人或某样事物来解决问题。

  安静的管理注重潜移默化，即让变革以缓慢的、稳定的、深刻的方式逐渐地渗入组织中。由于不是在浮于表面的戏剧性的事件上被动接受变革，因此每个人都担起责任，以确保严肃的变革得以落地实施。要实现这一目标，除了需要一个对组织有着深刻理解的领导层以及一支受到尊重和信任的员工队伍的共同努力之外，别无他途。

- 积极主动（initiating）：战略过程的模样应该是走下山去，把高层的话语带给等待着的群众。当然，由于人数众多，所以领导者必须向所有的"执行者"大声喊出高层的构想。一切都变得简单明了。

下面山谷中的生活是丰富而复杂的。这才是战略必须处理的情形——不是高管层简单明了的抽象概念，而是日常生活各种混乱的模式。只要聒噪的管理仍然高高在上，不接地气，它就会向下面大声吆喝它喜欢的各种战略，但那些战略永远也不会奏效。

安静的管理是卷起袖子并把事情弄明白。它不是空降到组织头上的，而是从基层成长起来的，它永远不会脱离基层。它通常在"地面"上发挥作用，从而了解到制定战略所需的信息。这样的管理一旦融入公司的日常生活，各位脚踏实地的人便都可以努力实现各种令人兴奋的新举措。然后，与之关联的管理者便可以对这些举措提供支持，从而推动战略发展的进程。

换句话说，管理者不等同于组织，正如画出来的烟斗不等同于真实的烟斗一样。健康的组织无须从一个英雄的肩上跳到另一个英雄的肩上，它是一个集体社会系统，会在领导层的变更中自然地生存下来。

安静的管理是基于经验的深思熟虑。它代表着智慧、信任、奉献和判断力。领导力之所以有效，是因为它具有合法性。也就是说，领导层是组织不可或缺的组成部分，得到了组织内每个人的尊重。只有先受到了尊重，管理层才会获得理解，从而更好地推进工作。实际上，最好的管理也许就是安静的管理。这样，人们就可以说："这是我们自己做到的。"因为确实如此。

资料来源："Managing Quietly" by H. Mintzberg in *Leader to Leader*, Spring, 1999: pp. 24-30.

STRATEGY
BITES BACK

母亲给我上的战略课

约瑟夫·兰佩尔
Joseph Lampel

这本书中的许多文章都是兰佩尔从各种不同寻常的地方挖掘出来的。但作为他的合著者，我们没想到他能找到这篇文章，它来自他狂野的内心世界。此文抓住了远见卓识的企业家精神的精髓，真是引人入胜！用它来结束本章，是再好不过的了。

战略曾经主要针对实践，但也有少量的理论。后来，学者们加入进来，于是战略就变成一种智力活动。渐渐地，与理论的光芒相比，在实践中实现战略就显得平凡而枯燥。各种时髦的理论为饱受不确定性困扰的管理者带来了现成的解决方案。虽然每个人都承认，实践是对理论的最终检验，但实际上，它往往被数据收集和分析机制所过滤掉。

然而，事实总能在最意想不到的时候悄然而至。我当然没想到会从我的母亲那里了解到战略理论的局限性。她的所作所为既说明了毅力和心灵手巧之类的老派价值观在战略中所起的作用，也说明了理论非常容易忽视个人力量，违背公认智慧。

其中的故事，或者说我所学到的东西，始于我的母亲在加拿大阿尔伯塔省（Alberta）著名的“西埃德蒙顿购物中心”（West Edmonton Mall）开了一家新的精品店。当时我正在攻读战略管理的博士学位，需要休息一段时间。于是，我乘飞机去看望我的父母，也顺便看看我母亲的新店。这当然不是她的第一家精品店。不过从地理位置来看，这家店无疑是她最雄心勃勃的一家。西埃德蒙顿被《吉尼斯世界纪录大全》评为世界上最大的购物中心之一。除了拥有 800 家商场，它还拥有一个游乐场、一家酒店、一个水上乐园以及一个室内湖，湖中还有一艘功能正常的潜艇。我母亲的小型精品店占据了这个庞大的零售和娱乐综合体的一个小角落。它靠近商场 58 个入口的其中一个，出售从远东地区进口的女装和各种礼品。

在这个大型的购物中心里，店铺小并没有吓倒我的母亲。事实上，它起到了相反的效果。在我到那儿的第二天，她给我看了商场管理层发布的月度销售报告，上面列出了按照每平方英尺的销售额排列的前 20 家商店。报告中提及了收入最高的商店，这些商店在商场的竞争中占据举足轻重的地位。在我去之前的一个月里，排名第一的是西尔斯——这家百货商场巨头经常高居榜首。我的母亲指着第一的位置，然后自信地宣布：“这就是我打算做的事情。总有一天，我会打败西尔斯，让我的店成为榜首。”

仔细查看这份名单，我注意到销售额最高的是大型百货商场，比如西尔斯、海湾（the Bay）和泽勒（Zellers）。巨头占优的现实与我母亲的雄心之间的差异不仅令人不安，更重要的是，它还与我当时一门心思钻研的书中理论背道而驰。特别是迈克尔·波特的著作提出过这样一种时髦的观点：竞争者们以其不同的战略形态形成不同的“战略群组”。因此，大型百货商场属于一个单独的群组，因为它们与其他大型百货商场进行竞争。像我母亲这样的小型专业精品店则属于另一个群组，因为它们与其他小型精品店进行竞争。来自一个群组的公司与来自另一个群组的公司进行竞争是没有意义的。大型百货商场提供低价和购物便利性，而小型精品店则提供专门的产品线和个性化服务。百货商场凭借规模和产品范围取得主导地位，小型精品店则通过培育销售巨头们不感兴趣的利基市场而生存下来。

我试图把所有这些道理解释给我母亲听，但她并不接受。对她来说，成为西埃德蒙顿的第一名比我严密推理的论点更重要。她尊重我的战略知识，或者更准确地说，是我的战略理论知识，但她却固执地追寻着自己的梦想，希望看到自己的店名出现在榜首。

我带着一种不祥的预感飞回了蒙彼利埃。毫无疑问，我的母亲是一名优秀的商人，但我也看到西埃德蒙顿有很高比例的小商店不是关门大吉，就是歇业倒闭。在那里，争夺顾客的竞争异常激烈。同一个地方有如此多的商店，由此导致很多家商店倒闭也就不足为奇了。此外，20 世纪 70 年代的石油繁荣正逐渐走向 80 年代的经济低迷。各方面的预兆看起来都不是很好。

然而，我的母亲并没有费心去做营商环境分析。打理门店让她忙得不可开交。对她来说，做生意并不只是意味着打开店门，然后等着顾客进来。相反，她把商店视为一个有生命力的系统，需要持续维护。她会定期调整橱窗中的陈列，把卖得好的商品移到前面，把滞销的商品减价处理。她总是带着微笑跟闲逛的顾客打招呼，给试穿衣服的顾客倒上一杯咖啡，并为她们的丈夫或男友搬来一把椅子，让她们自己决定买还是不买。她还是一个熟练的裁缝，免费为顾客改制衣服。对于在运输过程中损坏的商品，她没有选择退货，而是从供应商那里得到一大笔退款，然后自己动手修好商品。

她定期飞去多伦多拜访供应商，他们经常会派车到机场接她。她也会预先支付货款，但她会竭力地讨价还价，甚至会提出抛硬币的方法来解决双方在谈判时遇到的每件几美元的差价问题。神奇的是，在场的供应商通常会同意这样做。

在我从阿尔伯塔省回来的 6 个月后，我的母亲打电话告诉我一个消息：她的门店排名稳步攀升，并在当月被列为每平方英尺销售额最高的商店。之后，每个季度她都收到祝贺。特别是当西尔斯的经理亲自来祝贺她时，她感到非常高兴。她当然不会想当然地认为她的小店可以永远第一，但她很享受这种光环笼罩时众人瞩目的感觉。

那个月的月末，我通过了战略管理博士资格认定考试。考核小组认可了我的文献研究，并认为我在理论发展方面的研究上有前途。我提到了波特和战略群组，并做了恰当的论述，但我没有提到我母亲的小店。原因在于，那个时候我已经知道做学问就像做客一样：它必须在获批的清单上，而且在露面时，行为举止要得体。我的母亲更像是一个无政府主义的战略规划者，上不了清单，而且她的所作所为已经超出了理论层面的认定范围。

STRATEGY BITES BACK

视角 5

头脑里的战略

知人者智，自知者明。

——老子

相信即可见到。

只有在人生地不熟的国度，人们才需要诗歌和地图。

——美国人类学家

克利福德 · 吉尔茨（Clifford Geertz）

IT IS FAR MORE, AND LESS,
THAN YOU EVER IMAGINED...

导读

Strategy Bites Back

如果用开瓶器撬开人的大脑，你能看到什么？假如真的这样做，你根本就看不到什么东西。认知心理学家试图探究人脑的奥秘，但收获不多。不过，他们确实看到了几样东西，我们在本章试图将其中的一些展现出来。如果不能深入战略规划者的头脑，我们又如何去理解战略呢？

例如，我们知道一些人们试图在战略制定等过程中使用的心智模式或“地图”；我们也知道各类决策者所表现出来的扭曲之处。但是，我们不知道的是，那些伟大的想法从何而来，以及人们是如何将他们所知道的东西综合在一起，从而“获得概念”的——一个创造战略的华丽术语。

我们先以一篇关于人类判断的偏见与局限的简短节选开始；接着，转到动物判断的偏见与局限，具体来说是鸽子和鱼，它们与人类极其相似。但也不全是偏见和局限，动物身上的偏见和局限并不比我们人类的多。于是，我们接下来去动物园看一看。在那里，“战略中的百搭‘小黑裙’”的作者珍妮·利特卡发现红毛猩猩可以教我们如何进行战略思考。

游戏也能给我们启发。游戏可以将人们推到极限，让人们面对真正的对手——计算机，并玩一场真正的战略游戏——国际象棋，看看会发现什么。在下一篇“豆腐块”文章里，你会看到一些有意思的内容。

最后两篇文章都是“机关枪”文章，都是关于“被剥去了华丽外表的普通老人”。一篇是著名的古老的寓言，讲述的是皇帝上了骗子的当而买了一件商品（姑且这么说吧）。从中我们可以看到，自我在战略中发挥了重要作用。另一篇文章的内容与安然公司有关。你可以自行找出这两篇文章之间的联系。

IT IS FAR MORE, AND LESS, THAN YOU EVER IMAGINED...

STRATEGY
BITES BACK

判断的偏见与局限（人类篇）

斯派罗斯·马克利达基斯
Spyros G. Makridakis

长期以来，学者们一直着迷于人们如何“处理信息”，特别是处理信息时人们所表现出来的偏见和失真。令人沮丧的是，预测方面的权威人士、欧洲工商管理学院的教授马克利达基斯证明了人们的决策会受一系列偏见的困扰。

在这篇文章里，我提出了认知心理学家所说的“反驳证据”这一概念，因为这个概念可能与某些常见的看法和信念相反。实证证据强有力地表明，人们不太可能找到这样的文章并阅读。此外，即使有人读过这样的文章，其中的观点也不太可能引起人们思想上的改变。相反，人们更有可能选择阅读那些支持他们目前的观点或信念并且不需要改变他们的想法的文章。下文是与上述内容有关的一些具体信息——既有支持性的证据，也有反驳性的证据。

认知心理学家沃森（Wason，1972）把研究人们如何搜索信息和证据作为其人生目标。他发现，在人们搜索的所有信息中，有高达 90% 的信息是为了支持人们长期珍视的观点、信念或假设。因此，如果一个管理者认为某种促销活动会促进销售，那么他就会寻找支持性的证据来证明这个想法（或者更确切地说是假设）是正确的。但遗憾的是，仅仅看到销量上升就推断促销活动是有效的，实际上不太严谨。因为除促销活动外，还有许多因素会提升销量。在这种情况下，支持性的证据永远无法证明这个假设是正确的。要想证明其正确性，可以暂停促销活动一段时间。这种做法相当于获取反驳性的证据。如果销量下降了，那么就可以证明上述假设是正确的。如果促销活动在若干区域暂停了若干次，而结果总是一样的，那么就可以有把握地确定：销量下降不是出于偶然，而是受到促销活动的影响。尽管停止促销活动可能是不切实际的，但从科学的角度来看，这是证明“促销活动导致销量增加”这一假设为真的唯一方法。不管怎样，人们不会为此去寻找反驳性的证据。

事物是一分为二的。人们更倾向于记住那些证实其信念的信息，而不是反驳其信念的信息。从试验来看，一方面，秉持某种信念的人倾向于以 100% 的准确率记住支持性的材料，但对负面的材料的记忆准确率只有 40%；另一方面，怀疑论者对这两种证据都记得很牢，并且准确率都是 90%。因此，人们会寻找支持性的证据，而且一旦找到了，他们往往愿意更准确地记住它。

管理者在组织中的位置越高，他所收到的信息就越经过了若干级下属的过滤。下属们知道或者自认为知道管理者想听什么，并选择性地提供支持性的信息。

群体决策就能避免偏见吗？很遗憾，并不能。事实上，有证据表明：群体会因群体思维（groupthink）的存在而放大偏见。当群体成员和管理者彼此支持时，就会产生这种现象，从而他们会在会议中避免冲突和异议。

另一种判断上的偏见也会威胁到决策的有效性，那就是毫无根据的信念或传统观念。在我们成长的文化环境中，我们接受某些说法是真的，尽管事实可能并非如此。例如，人们相信掌握的信息越多，做出的决策就会越准确。这一信念并没有得到实证证据的支持。相反，更多的信息似乎只是让人们更加相信自己是对的，不需要优化决策。

如果一位管理者接受我在此文中所描述的人类的偏见，那么他就不能假设他的下属、上级或竞争对手是理性的。如果是这样，事情就变得更复杂了，因为所有经济学理论和绝大部分管理学理论都以冰冷的理性作为前提假设。例如，管理者要如何应对受非理性动机驱动的竞争对手？他无法理解那些动机，也无法预测它们会如何影响竞争对手的决策。这根本是做不到的，因为非理性是无法预测的。因此，管理者面临的一个挑战便是接受非理性存在的可能性，并努力将其合理化。这可能是管理者必须面对的所有挑战中最难的一个。更糟糕的是，理性的缺失并不限于竞争对手，这是随处可见的现象。嫉妒、野心膨胀、无端争斗、沟通不畅，以及其他类似的非理性行为在所有组织中比比皆是，人们必须明智地进行处理，以便尽可能地抵消或减少其负面的影响。这是个相当大的挑战，却是必须面对的挑战。我们知道，前路并非总是平坦的，但我们必须前行。

资料来源：Reprinted and edited with the permission of the Free Press, a Division of Simon & Schuster Adult Publishing Group, from *FORECASTING, PLANNING, AND STRATEGY FOR THE 21st CENTURY* by Spyros G. Makridakis.

STRATEGY
BITES BACK

判断的偏见与局限（动物篇）

鸽　　子

“假设不管鸽子在做什么，我们每 15 秒给它喂食一次，在首次得到食物前，鸽子正好有某些行为（只要站着不动就好），这样便形成了条件反射。然后，当再次给食时，很可能鸽子正有同样的行为。如果的确如此，那么这种行为便得到进一步强化。如果并非如此，那么当某种其他行为达到一定频率时，该行为往往会被强化，然后就会永远成为鸽子的“才艺”之一。即使食物是在与该行为无关的时间提供的，也是如此。以这种方式建立起来的显著反应包括：急速转向一侧、从一只脚站立跳转到另一只脚再跳转回来、鞠躬并刮擦、转身、昂首阔步以及抬头。

伯尔赫斯·弗雷德里克·斯金纳（Burrhus Frederic Skinner）
美国心理学家

梭　　鱼

“大多数读者都了解所谓的梭鱼综合征。把一条梭鱼放在鱼缸里，并放进一群小鱼，这时梭鱼会观察一段时间，然后在饿的时候吃掉小鱼。接着，在鱼缸里放上一块透明的玻璃，把梭鱼和小鱼隔开。这时，梭鱼会去尝试吃小鱼，而且会持续尝试几个小时，之后便放弃了。这个时候，如果把玻璃拿出来，小鱼就会成群结队地游来游去，梭鱼则会因条件反射而不去攻击小鱼，于是活活饿死。”

佚名

STRATEGY
BITES BACK

我在动物园学到了战略的真谛

珍妮·利特卡
Jeanne Liedtka

利特卡参观动物园时可能没有穿着小黑裙，但说起战略规划者应该如何思考，她比任何人都有发言权，因为她是从红毛猩猩身上学到的。

那天是小学生的动物园户外活动日。为了避开又长又晒的队伍，我去了没多少人的红毛猩猩学习实验室“智库”。在那里，我好奇地发现了一个名为“动物能思考吗？”的展览。这个展览让我明白了，科学家只用三条标准便确定类人猿存在思维：第一，有证据表明，红毛猩猩能在头脑中建立并保持一个形象，即对不存在事物的心理表征；第二，有证据表明，红毛猩猩具有意图性，即有一个目标或目的，以及以某种方式实现该目的的计划；第三，有证据表明，红毛猩猩具有灵活性，即当最初的计划不奏效时，它能发现多种方法来达到目标。形象、意图、灵活性……我想知道在与我共事的管理者和 MBA 中，有多少人能够通过这项“红毛猩猩测试”？

战略规划要么消失了，要么正在重新崛起。这取决于你如何定义这项实践。无论怎样，几年来传统的战略规划方法及其未能兑现的承诺一直是战略领域领军思想家们所青睐的替罪羊。传统的战略规划带来了官僚主义和远见的缺乏，而不是好奇心和创造力。它往往会抑制而不是支持重大的变革。它把权力从最接近客户、最了解业务的员工手中夺走，然后交给那些身处高层的人及他们的亲信。后者经营着分析的生意，他们的工作也与外界绝缘。传统战略规划的消亡被人们广为接受，以至于讨论它似乎都有白费力气的风险。抛开 35 年来有关这一课题的各种著作，唯一值得关心的问题似乎是："下一个消失的是什么？"

"当然是战略思考。"大伙儿再一次异口同声地说道。战略思考孕育着创造和创新，它产生了速度和灵活性，它邀请各级员工参与到战略对话中来，并使他们参与其中。在这种高层次的讨论中，战略思考的前景就像战略规划的陷阱一般清楚。

但是，在一片喧嚣声中，我们仍然不太清楚的是，战略思考包括哪些内容，或者它在实践中是什么样子的。我们清楚的是，它可能不是一件易事。当然，如果我们把"战略思考"定义为"对战略的思考"，那么它似乎并不太难，只要 CEO 在公司的公告上发表一篇关于竞争的文章，在工厂的车间里多放几个意见箱，甚至召开一次全员大会来启动年度预算流程，就可以了。这些我们都做得到。但这样我们就会到达创新、迅速反应和高效组织的理想境地吗？用我十几岁的女儿的话来说："我们让管理者和 MBA 去做红毛猩猩测试吧。"

前面的那些想法都很好，但它们离构建真正的战略思考能力还有些距离。要想理解战略思考在实际中的样子，我需要花上一天待在动物园里。

形象、意图和灵活性，这三项测试听起来很简单，但我越琢磨，便越发相信那些猩猩已经破译了其中的奥秘。真的，要理解战略思考，有这三项便够了。

测试一，形象

战略思考者在头脑中保持一个形象，一种对当前不存在的事物的一种心理表征。无论我们把这种形象称为组织的“战略目的”（哈默和普拉哈拉德的叫法），或“愿景”（柯林斯的叫法），或“商业模式”（德鲁克的叫法），都不重要，重要的是它的内涵是什么。要想使战略思考周全，这种形象就必须基于对当今组织运行的更宏大背景及其动态因素的深刻理解。

长久以来，人们只在产业的背景下看待战略，而在这种背景下，值得关注的动态因素就是产业内的竞争。随着产业边界的消失，人们需要以更广阔的视角来看待战略。像吉姆·摩尔（Jim Moore）之类的新声音已开始认为我们必须从“生态系统”（借用摩尔的术语）的角度出发超越产业。于是，我们把组织视为某个更大的供应商网络的一部分，各方合作从而形成一个全程为客户创造价值的系统，并与其他端到端的生态系统进行竞争，看谁能最好地满足客户需求。这种更广阔的背景概念是良好战略思考的基础。

议价能力等问题的重要性并不亚于过去，但它们需要被重新界定，因为我们的很多旧的分类已经不再有效。关键是，我们需要发展出更复杂的方法来看待这个日益混乱的世界。另外，这个“我们”所包含的人要比过去多得多，其中很多人长期以来被告知：工作不是思考，而是听命行事。

同样，对战略思考来说，了解内部系统及其所包含的相互依存关系也很重要。经验表明，对一个大系统中的个别部分进行优化，往往并不能从整体上优化系统。要想在未来的世界中取得成功，就需要具备对业务进行持续再设计的能力，而这取决于对我们所处的大系统进行可视化的能力。

下面以医疗健康领域为例来进行说明。我花了很多时间去和医生交谈，其中大多数人为患者尽心尽力。我与两家诊所进行合作：第一家从对疑似肿瘤患者的最初筛查到活检并最终得到检查结果，可以在 4 小时内完成；而第二家则需要将近两个星期。两家诊所在服务质量上存在明显的差异。那么，第二家诊所的医生会认为他们提供了更差的诊疗服务吗？绝对不会，而且如果你说他们不关心服务质量，那他们会认为受到了侮辱。

只有当系统中的每个人都能看到全局，并朝着全局的最佳结果而努力时，质量和效率才会有真正的突破，即使这意味着淡化他们的作用，也应该如此去做。然而，只对当前系统进行可视化是不够的，我们还需要使想要创造的未来系统有一个生动的形象。20 年来变革领域的著作和研究已经说明了这一点：众所周知，我们的变革能力在很大程度上取决于我们为之努力的未来形象的清晰度。由此我们可以得知，今日现实与明日愿景之间的差距驱动着战略目标的实现。

从此，战略思考者看到了当前的系统，并理解其各部分之间相互依存的关系。除此之外，他们还看到了期望建立的未来新系统的形象，以及当前系统演变成未来系统所必经的可能路径。如果没有这种新的观察方式，我们如何期待新的行为方式的发现与采用呢？

因此，对红毛猩猩的第一项测试看起来对我们人类也同样有效。

测试二，意图

说实话，某些人在形象部分已经处理得相当好，这只要看任何一份年报就知道了，棘手的问题在于如何实现从“看到”到“行动”的跨越。对此，红毛猩猩也有一个答案：发挥意图的作用。战略思考必须将组织的未来形象与系统中个人依照其角色而做出的选择联系起来。这也意味着要关注这种形象能否实现，并对个人的努力进行相应的引导。对我来说，关于这一点的典型教训来自汤姆·彼得斯的《追求卓越》（*In Search of Excellence*）视频中的一个两分钟的片段。在这段视频中，迪士尼乐园的一名清洁工正带着一名新实习生干活儿。当他们拿着扫帚和簸箕走在魔法王国的街上边走边扫烟头时，那名老员工对新人说："你会被客人的很多问题打断。但即使被反复问到同样的问题，你也要记住，那个问题对他们每个人来说都是第一次问起的。"

在战略领域，我们花了大量的时间来讨论战略的"三个层次"：公司层、业务层和职能层，却忽略了最重要的层次——个人层。我们得知，第一层、第二层和第三层战略涉及几个重要的问题："我们从事的是什么业务"、"我们如何在每项业务中开展竞争"以及"这对每个职能领域意味着什么"。我认为，第四层战略问的是终极问题："这对我来说意味着什么？即我对目标的实现起到了什么作用？"当这个问题得到明确而一致的回答时，就像那名迪士尼乐园的清洁工所理解的那样，公司的未来形象开始变得比放在钱包里或挂在办公室墙上的口号更有意义。再辅以组织架构、信息和奖励体系的支撑，有意义的变革便具备了实现的可能性。

忘掉石油、资本和了解业务的系统程序员吧。我认为注意力是当今企业最稀缺的资源。我们已经有了太多的信息、太多的变革计划、太多的电子邮件，而且情况只会越来越糟。今天的很多组织真的应该贴上"注意力"这个标签。

难怪《呆伯特》(*Dilbert*)[①] 本身便可以催生出一个不断增长的产业。心理学家认为，注意力属于"心理能量"。对创新和创造力及人类思维本身的成长和发展来说，心理能量是必不可少的。对组织来说也是如此。如果注意力不集中，那么耗散和挥霍员工心理能量的风险就会很大。如果个人不能找到自己在组织中发挥作用的意义，并相应地引导自身的努力，那这个组织就不会成功。

---

① 诞生于 1989 年的热门连环漫画，讲的是白领办公室里无能同事之间的逸事，作者是斯科特·亚当斯（Scott Adams）。——译者注

除此之外，我们还需要关心目标。战略思考可能含有情绪色彩，这样的想法的确令人震惊。但是别忘了，我们用的是猩猩的测试。关心会引发一个新问题——不是“我们将做什么”而是“我们为什么要做”。当我们在“看到”之上增加了“关心”，就等同于在形象之上增加了意图，也就是在计划之上增加了目标。

我不确定动物学家是如何在猩猩的世界里厘清所有这一切的，我的结论是第二项测试切中了企业的要害。战略思考需要将高高在上的形象转换成较为具体的个人目标，并且需要投入精力做出日常性选择，从而推动该目标的实现。

测试三，灵活性

仅仅根据在前两项测试中了解到的情况，我就可以说自己在动物园的一天收获颇丰。但最精彩的还在后面，因为第三项测试填补了“战略思考”这幅拼图中缺失的最后一块，即灵活性。一开始，我觉得第三项测试令人不安。你想啊，我们为世界建立了详细的、系统化的视角，了解它是如何结合在一起的，并努力在创造它的过程中发挥自己的作用；而在此之后，我们还要乐于接受它的随时改变？这似乎很不公平。人们怎么能在专注于实现某个目标的同时，还保持灵活性？我开始对我们能否通过第三项测试失去信心。

幸运的是，当我正在为第三项测试而苦恼时，一群四年级的小学生来到学习实验室，并主动帮助了我。他们很快就找出了原因：妨碍我的是一个常见的成人弊病，也就是在我的信念里，一旦想通了某件事情，人们接下来就会去做，并且从来不会回头。小学生们解释说，生活并不是这样的。学习才是成功的关键，而不是想通了就可以成功。**灵活性取决于不断学习的能力。**这与我最近读到的关于“学习型组织”的很多讨论有异曲同工之妙，所以我向讨论者询问学习与战略思考有什么关系。

他们解释道，战略思考指的是对科学方法的应用，而科学方法是一种依赖于假设的生成和检验的思维方式。在假设阶段，你要提出创造性的“假设”类问题。为了对假设进行检验，你要提出分析性的“如果……那么……”类型的想法。你所采用的思维模式是把实现目标的方法当作一个试验。如果试验失败了，你就试试其他方法。

从这个角度来看，战略思考既是创造性的，也是分析性的。它是一个反复的过程，而你要不断地经历这一过程。每过一关你都能学到新东西，从而为下一关提出更好的假设。在寻找目标的过程中，它具有巧妙的投机性，在某种程度上强化了既定战略，同时也为新的和意料之外的战略的出现留出了空间。我认为第三项测试肯定是成功的。

形象、意图、灵活性。说真的，关于战略思考还有什么可以讨论的呢？我想，也许应该问一问那些红毛猩猩是如何做到的。我觉得也许是遗传，又或许它们的长辈本身不仅是优秀的战略思想家，还是传授战略思考过程的好老师。无论怎样，动物园要关门了，而我却找不到一场展览来帮助我回答这个问题。也许下次户外活动我会去参观科学博物馆。

资料来源：*The Journal of Business Strategy* (Emerald Group Publishing Limited), Vol. 18, 1, January/February, 1997: pp. 8-11.

STRATEGY
BITES BACK

人机大战

查尔斯·克劳塞默
Charles Krauthammer

想要了解战略规划者的想法，最好的方法是让他们与机器对阵，看看会发生什么。人们相信，终极战略游戏就是国际象棋。机器从不犯错，而人类有想法，这时会发生什么呢？一个算不过机器，却可以比机器更聪明的人经历了什么呢？作者克劳塞默说我们知道人类终究还是有希望的，至少在一段时间内是如此。国际象棋、计算机甚至战略，它们终究都会沾染人性吗？

尽情嘲笑吧，不过周二我还是待在家里看了一场国际象棋比赛。我在办公室里看不了电视，但我不想错过人机大战史诗般的决胜局：一方是人类最优秀的代表加里·卡斯帕罗夫（Garry Kasparov），和他对阵的是硅片中的佼佼者“X3D-弗里茨”（X3D Fritz）。

对大多数人来说，所有人机大战的结局都令人扫兴。毕竟，这种心理界限早在1997年人类落败时就被打破了。当时，卡斯帕罗夫在一场真正可怕的比赛中屈服于“深蓝”（Deep Blue）。之所以让人觉得可怕，倒不是因为计算机赢了，而是在于它赢的方式：在某些时候，它走出了微妙的招数。这种微妙让人觉得，在那块硅片里可能存在着什么激动人心的东西。

在我看来，机器显然将会拥有意识。毕竟，人类正在朝着这个方向努力，即使他们是以非常笨拙的方式开始的。从生物学的角度来说，神经元在几百万年前就开始放电，使得无意识的微小有机体开始了移动、避开有毒刺激等活动。当足够多的神经元以足够复杂的方式结合在一起时，突然之间就有了……人类。这就像在一大堆单个、无意识的神经元上突然蹦出一个卡通气球，上面写着："我存在。"

从理论上讲，为什么这种情况最后不能在硅上发生？芯片的数量以及它们之间相互作用的复杂性无疑会达到令人震惊的地步，这可能需要几个世纪来构建，但我看不出硅有什么理由不能像碳那样实现从无意识到有意识的转变。这是个坏消息。同时，好消息是，最新的人机象棋比赛可以让人松一口气。自 1997 年以来，计算机已经变得非常强大，即使是现成的计算机也照样能让普通棋手输得很惨。不过，伟大的棋手们正学着去适应，人类的天赋正迎头赶上。

如果考虑摩尔定律[①]，计算机性能每 18 个月提升一倍。你原本以为在"深蓝"史诗般获胜的 6 年后，人类会束手无策。但事实上，并非如此。2003 年初，卡斯帕罗夫与软件棋手"小深"（Deep Junior）进行了一场比赛并打成平手。另外，他与世界上最强的国际象棋程序"X3D-弗里茨"的四局比赛则以平手收场：双方两局打平，并且各胜一局。有趣的是，在每个获胜局中，失败者都忠于其本性。卡斯帕罗夫输掉了第二局比赛，因为作为人类，他犯了一个战术性错误。计算机则不然。在战术方面，它们神乎其神。只要犯一个错误，就一个，你就完蛋了。机器对错误的利用会是完美而致命的。

在第三局比赛中，计算机输了，因为作为一台计算机，它目前没有想象

① 摩尔定律由英特尔创始人戈登·摩尔提出，其核心内容为：集成电路上可以容纳的晶体管数量大约每 18 个月便增加一倍。——编者注

力。当局面打开、棋子能够移动并且有数百万种战术组合时，计算机可以胜过人类。于是，卡斯帕罗夫将第三局比赛引入一个完全静态的局面——一排静止不动的兵横亘在棋盘上，就像第一次世界大战中的战壕一样。

双方都不能进入对方的地盘。因此，“X3D-弗里茨”“认为”没什么可做的。它可以看 20 步棋，但即使拥有这种令人震惊的预见性也完全产生不了任何行动计划。就像第一次世界大战中的将军一样，“X3D-弗里茨”开始在它的防线后面来回踱步。卡斯帕罗夫则有一个深谋远虑的战略计划，他悄然而有条不紊地利用棋盘一侧的少量空间进行排兵布阵，将一个单兵推到后的侧翼，结果他赢了。

与此同时，“X3D-弗里茨”被迫来回走子。它曾走了一步象，然后在下一回合又走了回来。人类是不会这样做的，原因不仅仅是这样做浪费了两步棋，更在于这样做简直太丢人了。这等于公开向对手声明你不知道自己在做什么，也许跳棋才是你该玩的游戏。

观察家们很喜欢这步棋。“这步棋说明计算机不会感到任何尴尬。”特级大师格雷戈里·凯达诺夫（Gregory Kaidanov）说道。这是一个值得品味的时刻。“X3D-弗里茨”不会尴尬，但它的子孙后代会很尴尬，理由很充分：人类也只是巧妙排列起来的碳基生物，并且人类拥有感觉，只是计算机要进化到这一步，还需几十年甚至几个世纪。同时，卡斯帕罗夫也表明，虽然人类算不过机器，但人类仍然可以比它们更聪明。我们这些人类精英能够在一段时间内保持自己的地位，这足以称得上胜利。目前来看是这样的。

资料来源：Originally published with the title “Thrill of pitting man against X3D Fritz”, November 24, 2003.

STRATEGY
BITES BACK

像大师一样思考

亚历山大・科托夫
Alexander Kotov

假设在棋局中的某个时刻，你有两步棋可以选择：R-21[①] 或 N-KN5。你应该走哪步？你舒服地坐在椅子上，然后开始分析，自言自语地念叨着可能的走法。

"好吧，我可以走 R-21，他可能会走 B-2N2，或者他可以吃我的 2RP，目前没有防守。然后呢？" 那"我喜欢这个局面"吗？你在分析中又走了一步，脸就拉下来了。于是你对刚才走的那步车没有了兴趣。然后你再看看马的走法。"如果我走 N-KN5 呢？他可以走 P-KR3 把我的棋子赶走。我走 N-K4，他用象吃掉。我也吃掉他的棋子，然后他用车攻击我的后。情况看起来不妙……走马这步棋不行。那再看看走车那步棋吧。"（又是一番分析）"不行，这也不行。我得再看一下走马。"（又是一番分析）"不行！所以，我绝不能走马。再试试走车吧……"

① 此处及文中的字母和数字是一种国际象棋记谱法，各棋子代码如下：K 代表 King（王），Q 代表 Queen（后），R 代表 Rook（车），B 代表 Bishop（象），N 代表 Knight（马），P 代表 Pawn（兵）。这些缩写不影响读者对作者思考过程的理解，而且表达简洁，因此保留原文，不做翻译。——译者注

这时你看了一眼时钟。“天哪！走车还是走马，我已经想了 30 分钟。再这样下去的话，就真的会超时了。”

然后突然，你有了一个绝妙的想法：“为什么要走车或走马？走 B-2N1 怎么样？”于是你二话不说且根本没做任何分析，就走了象。几乎不用任何考虑，就走了这一步。

资料来源：Kotov (1971) *Think Like a Grandmaster*, pp. 15-16, BT Batsford; London.

STRATEGY
BITES BACK

皇帝的新装

安徒生
Andersen

在我们大脑中的某处，一定有一个小小的空间可以容纳所谓的常识。它是如此之小，有时甚至小到完全消失，连研究大脑的人都很难找得到它。这篇古老而著名的寓言讲的就是这一点，关于自我意识如何剥夺了我们的常识。当你阅读的时候，请想一想你所知道的所有那些穿着可爱的"战略"新装的公司。要牢记最重要的教训：那个小男孩不只是有勇气说出真相，他还有勇气看到真相。也许我们的问题就是参与战略制定的成年人太多了。

很久以前，有一位虚荣的皇帝，他在生活中唯一的烦恼就是如何穿上最漂亮的衣服。他几乎每小时都要换一次衣服，并且喜欢向他的人民炫耀。皇帝的精致习惯传遍了王国内外。有两个人听说皇帝爱慕虚荣，于是决定利用这一点。他们带着阴谋来到皇宫门口，向人们介绍自己："我们俩是非常棒的裁缝。经过多年的研究，我们发明了一种非凡的织布方法，织出来的布轻盈细密到看不见的程度。事实上，任何看不见它的人都是因为太愚蠢、太无能，而不能欣赏它的品质。"

卫士长听了骗子的奇闻怪事，派人去找宫廷管家。管家告诉了首相，首相跑到皇帝面前透露了这个令人难以置信的消息。皇帝的好奇心被勾了起来，于是他决定去看看这两个人。

他们说："陛下，这种布的色彩和图案都是专门为您创作的。"于是，皇帝给了这两个人一袋金币，要他们马上开始织布。"你们需要什么只要告诉我就好，我会给你们的。"这两个人要了一台织布机、一些丝绸和一些金线等物料，然后假装开始工作。皇帝认为他的钱花得很值：除得到一套非凡的新衣服以外，他还可以发现哪些臣民既无知又无能。几天后，他叫来了年老睿智的首相。首相是个公认的有常识的人。"去看看工作进展如何，"皇帝对他说，"然后回来告诉我。"

首相受到了那两个人的欢迎。"快完工了，但我们还需要更多金线。看哪，阁下！欣赏一下它的色彩，感受一下它的柔软吧！"首相他老人家朝织布机俯下身去，努力想看到不存在的织物。他感觉额头上冒出了冷汗。

"我看不到任何东西，"他心想，"但如果我什么都没看到，那就意味着我很愚蠢！或者更糟糕，我太无能啊！""这布真是了不起，"他于是说，"我会告诉陛下的。"那两个人欣喜地搓了搓手。他们就要成功了，于是要了更多金线来完成工作。

最后，皇帝收到了通知：这两个裁缝要为他量尺寸，用于缝制新衣服。"进来吧。"皇帝命令道。即使在鞠躬的时候，这两个人也假装正捧着一大卷布料。

"陛下，这就是我们的劳动成果，"其中一人说，"我们夜以继日地工作，如今，总算为您准备好世界上最美丽的织物了。看看这色彩，摸摸这质感，多好啊！"当然，皇帝并没有看到任何色彩，也感觉不到手指间有任何布料。他慌了，感觉自己要晕倒。但他想起没人知道他看不到布料，于是感觉好多了。没人能发现他的愚蠢和无能。皇帝不知道的是，他周围的人都是这样想的，也是这样做的。

这场闹剧继续上演——正如那两个人所预想的那样。量好尺寸之后，两人便开始一边挥舞剪刀假装裁剪，一边用针缝制一块看不见的布料。

“陛下，您得把衣服脱了，试试这件新衣服。”这两个人把新衣服披在皇帝的身上，然后举起一块镜子。皇帝有点难为情，但还好旁边没有人，于是他放松下来。“是的，这套衣服很漂亮，我穿着非常好看。”皇帝一边努力做出满意的表情，一边说道，“你们做得很不错。”

“陛下，”首相说道，“我们对您有个请求。民众都已经听说了这种非凡的织物，他们急切地想看到您穿上新衣服。”对于向民众展示自己的裸体这件事，皇帝感到有些迟疑，但后来便放下了担忧。毕竟，除了无知、无能的人以外，没人会知道这件事。

“那好吧，”他说，“我就准许民众拥有这份殊荣吧。”他召来了马车，于是典礼式的巡游队伍便形成了。走在队伍最前面的是一群大臣，他们紧张而仔细地观察街道上民众的面容。所有人都聚集在大广场上，推推搡搡地想看个究竟。随着巡游队伍的到来，人群中爆发出一阵掌声。每个人都想知道他们的邻居有多愚蠢或无能。但是，当皇帝经过时，人群中出现了一阵奇怪的窃窃私语。每个人都用别人能听到的声音说道：“看哪，陛下的新装真是漂亮！”“那裙摆真是太棒了！”“还有那色彩！这么漂亮的布料，再配上这样的色彩！我这辈子还从没看过这样的东西呢！”他们都在努力掩饰自己的失望，因为他们无法看到衣服，但又没人愿意承认自己愚蠢或无能。人们的表现果然不出那两个骗子所料。

一个小男孩来到马车前。他没有什么重要的职位，也只能看到自己眼睛接收到的东西。“陛下没穿衣服。”他说。

“笨蛋！”他的父亲追上他呵斥道，“不要胡说八道！”他一把抓住小男孩，把小男孩拖走了。不过小男孩的话已经被围观的人们听到了，并在人群中不断重复。最后，每个人都喊道：“那个男孩说得对！陛下没穿衣服！陛下确实没穿衣服！”

皇帝知道民众说的是对的，但他不能承认这一点。他认为最好还是继续游行，幻想着看不到他的新衣的人不是愚蠢就是无能。于是，站在马车上的他挺直了身子，而跟在他身后的一个侍从，手里还捧着那条想象中的裙摆。

STRATEGY
BITES BACK

加里·哈默对话安然 CEO

加里·哈默
Gary Hamel

这篇文章属于“豆腐块”文章（或许也可以算是“机关枪”文章），它可以带你走进管理学领域作家的内心世界，同时也是对我们认知世界的一次小小的窥视。这篇文章原本的标题是“颠覆你的生意”（Turning Your Business Upside Down）（对于这点我们不评论）。我们还想指出，如果你觉得这篇文章和上篇寓言之间有相似之处，那纯属你的个人想法。（你看，我们都会犯错。我们期待哈默将来能写写我们犯过的错。）

美国最具创新性的公司是哪家？你可能不会猜是安然，然而在《财富》杂志的一次企业声誉调查中，它的创新能力在 431 家公司中排名第一。[①] 用加里·哈默的话来说，在天然气和电力行业，安然创始人肯尼斯·莱（Kenneth L. Lay）是一位革命家，他将公司带入了新国家、新业务及新战略。

哈默：你所做的事情中，有哪几件事是真正打破行业惯例的？安然在哪

① 本篇文章发表于 1997 年，当时安然还处于天然气行业的巨头地位，但后因一系列丑闻与经营不善，已于 2001 年宣告破产。——编者注

方面称得上规则的破坏者？

肯尼斯：早些年，当其他天然气公司在受监管的市场中苦苦挣扎时，我们正努力推动业务向上游发展，进入不受监管的业务领域。我们认为这里会有更多机会，能够在产品和服务上实现差异化，并从中获利。很多其他公司则认为他们需要留在受监管的管道业务中，这只是为了生存。你可以看到今天在电气行业也有同样的心态。

更为深刻的是，我们认为全世界有充足的天然气资源，20 世纪 70 年代的短缺只是由于监管造成的。因此，我们试图用天然气替代所有其他燃料用于发电，特别是煤炭和核能。尽管当时美国和欧洲已经通过立法禁止建造新的天然气发电厂，我们仍然认为天然气实际上是一种理想的发电燃料，而且无论是对经济还是环境来说，都是最好的燃料。这导致全球电力行业范式的转变。

哈默：你为安然带来了很多新的能力和人员。例如，你们现在有华尔街的交易员，他们帮助你们利用能源市场的套利机会，并且帮助客户管理金融风险。我一直有个观点，那就是革命往往是由行业外的人发起的。

肯尼斯：是的。从历史上看，人们认为天然气就是天然气[①]。但是，我们遇到很多风险管理或合约上的问题。客户想短期持有还是长期持有？他们想对冲风险吗？或者他们想跟着市场指数走吗？现在每个人都可以拥有想要的投资组合、想承担的风险，以及想选择的价格波动性敞口。

哈默：所以你把最终的商品去商品化了。

---

① 此处原文“Historically it was thought that natural gas was natural gas was natural gas”，意思表达不完整，可能作者出现了笔误。——译者注

肯尼斯：从某种程度上说，是这样的。当然，在这个过程中我们获得了所需的技能。我们不仅要吸引来自投资银行、商业银行及其他地方的人才，还必须与这些机构竞争。我们还不得不与大型咨询公司争夺刚毕业的MBA。

哈默：你确实给安然带来了很多新的声音，以及不同视角、不同行业的经验，对吗？

肯尼斯：确实如此。这样做有助于撼动整个企业文化。从某些方面来说，当企业正在经历一次深刻的重组时，多年的行业经验就不再是一项资产，而是一种不利的因素……

哈默：在安然，你是否正在做一些事情，从而使新想法和新战略的产生实现制度化？

肯尼斯：并不是说每一种业务类型中都能实现制度化，不过我们正在将利润中心分解成更小的部分。正如我们一直在说的，如果沿着组织向下走，你会发现一些非常聪明且有能力的人，但他们无法施展能力，也无法尝试想尝试的事情。而在规模较小的运营环境中，他们就可以这样做。当然我们也发现，在大多数情况下，只要我们做到这一点，公司就会加速成长。最近成长最快的也许就是我们的安然资本与贸易资源公司（Enron Capital & Trade Resources）。这家公司为美国和其他国家的天然气和电力行业提供风险管理、长期合约、融资及其他类型的服务。它以前是作为一个业务板块运营的，现在则分为五个业务板块，而且运营良好。我们预计会把它进行进一步拆分。

哈默：不过我猜其中一个想法便是，不能想当然地认为战略和创新想法只源于高层。

肯尼斯：对，绝对不会。要保证让更多的人认真地参与到运营中来，还要保证他们能发挥更积极的作用。这样做的确能让他们得以决定自己业务板块的战略，而也许在一个更大的业务板块里，他们产生不了太大的影响……我觉得有一个教训可能是所有 CEO 都需要吸取的，至少我肯定需要吸取，那就是不要随意告诉别人他们不应该做什么。很多时候，有人会提出一个想法，而我必须控制自己不要说，“我们只是不想朝那个方向发展”。通过这种方式，我发现有很多最初在我看来是达不到、做不了，甚至不明智的事情，在做了大量工作后最终成功了。我想，如果我早早地拒绝了那些想法，员工当然就不会来找我了。

资料来源：Reprinted in excerpted form from “Turning Your Business Upside Down: management expert Gary Hamel talks with Enron's Ken Lay about what it's like to launch a new strategy in the real world.” *FORTUNE*,

STRATEGY BITES BACK

视角 6

走一步看一步的战略

相比于通过思考找到新的行为方式，我们更有可能通过行为找到新的思考方式。

——卡尔·维克

想跨越两个界限之间的深渊，这样做非常危险。

——谚语

预备—开火—瞄准。

——《追求卓越》

规划：预备，瞄准，瞄准
创业：开火，开火，开火
学习：预备，开火，瞄准，开火，瞄准……

IT IS FAR MORE, AND LESS,
THAN YOU EVER IMAGINED...

导读

Strategy Bites Back

前面我们讨论了从认知到行为、从头脑到组织的不同战略观。现在，我们有了一个截然不同的战略观。它是在解决各种问题并且利用各种机会的过程中一步一步形成的，所有的这些聚集成我们所说的战略的模式。

这意味着，每个人都可以成为战略规划者，只要他走出办公室，放弃各种算计、琢磨和计算，并且采取行动搞清楚到底什么才是真正值得算计、琢磨和计算的。这个过程就是战略的学习过程。

如果战略看起来是不可能完成的任务，需要考虑众多复杂的事情，而所处的环境看起来是如此混乱，那该怎么办？答案是：做点什么。往某个地方迈出一步，让自己至少学点东西。虽然你不会一下子就制定出战略，但随着时间的推移，人们在一起逐渐适应，战略可能会一步一步地形成。

同理，本章中的许多“豆腐块”文章也是碎片化的：丰富多彩的漫画、诗歌、评论等“碎片”组成了关于组织如何学习制定战略的“拼图”。我们就不在此一一介绍了，我们只想说你会看到包罗万象的内容：“有目的地混淆”和“言其所行”，本田和英特尔的真实故事，战略规划者像“蜜蜂”和“苍蝇”，像野草一样在温室中生长的战略，加里·哈默关于如何形成战略的明智建议等，最后两篇是“机关枪”文章，讲的是走一步看一步的做事方式的危险。

优秀的管理者不做政策决策

H. 爱德华·莱普
H. Edward Wrapp

这篇文章表明，我们关注到了截然不同的领域，这甚至也反映在标题上：优秀管理者不做政策决策。我们在本文中会搞清“走一步看一步的战略”到底是什么意思。不要因为文中用的是阳性人称并且使用的是“政策”（policy）而非“战略”一词，就以为它的内容过时了，在文章发表的1967年，这样的表述是很常见的。这完全是一篇当代的文章，在某种意义上比现在鼓吹的很多花哨的、形式化的技巧要常见得多。“找到相对中立的‘走廊’”“避免政策束缚”“有目的地混淆”等做法永远不会过时。

高层管理是个神秘、复杂的领域。担任高管职位的人很少，而身处其中的人所传递的信息，对其他级别管理者和整个世界来说经常是模糊而不连贯的。这可以解释为何管理学文献中充斥着神话、幻想和歪曲，比如下面这些普遍存在的观念：

- 当管理者到达金字塔顶端时，生活就变得不那么复杂了。
- 高管了解组织中的一切情况，可以调配他所需要的任何资源，因此可以做到更有决断力。
- 总经理的日常工作是做出广泛的政策决策并制定确切的目标。

- 高管的首要任务是构思长远的规划。
- 在一家大型公司里，高管会思考该公司在社会中所扮演的角色。

我认为，上述说法无论是单条还是组合在一起，都没有准确地描述出总经理的工作。那么，在现实中，成功的高管都有哪些共同特征？根据我的经验，有 8 项技能或才能特别重要……

充分了解情况

在我的研究对象中，每个人都有一种特殊的技能，就是让自己了解公司不同层级所做出的各种经营决策。随着职位的提升，高管会将众多部门建成一个信息来源网络。无论在组织中爬得多高，他都会开发这些信息来源，并保持联络通畅。当需要的时候，他就会绕过组织的直线结构，更详细地了解情况。

高管经常受到作家、咨询顾问和基层管理者的批评，因为他们在晋升到高层后，仍然陷在经营问题里，而不是抽身撤到“大局”中去。毫无疑问，一些管理者的确会陷入杂乱无章的细节中，并且执意去做太多的决策。从表面上看，优秀的管理者似乎也会犯同样的错误，但其目的是不同的。他们知道，只有充分了解正在做的决策，才能不与那些从经营中抽离出来的人一样碌碌无为。如果听从建议把自己从经营中解脱出来，那么管理者可能很快会发现自己只能靠“嚼别人嚼过的甘蔗”过活，也就是把自己能看到哪些信息的选择权完全交给下属。

集中时间和精力

优秀的管理者知道如何把精力和时间留给应该亲自关注的少数特别议题、决策或问题。他们知道，充分了解经营决策与迫于组织压力参与这些决策，甚至迫使自己亲自制定这些决策之间存在着微妙的差别。优秀的管理者认识到，自己只能在有限的事项上发挥自己的特殊才能，因此他们选择那些对公司有最长远影响并且通过运用他们的特殊能力可以产生最大成效的议题。一般情况下，在任何一段持续的活动期间，他们都会将自己限定在三四个主要目标上。

对于那些他们选择不参与决策的情况，该怎么办？他们会使用上面提到的第一项技能，确保组织在不同的阶段向他汇报进展；他们不想被指责为对这些情况漠不关心。他们会训练下属不要把这些问题交给他来决定。当发现组织中出现需要他们解决的问题时，他们很少会发号施令，而是找到某种方法来传递他们的诀窍和知识，如提出一些有洞察力的问题。

擅长权力游戏

成功的高管会在多大程度上推动他们的想法和提案以贯彻整个组织？一个颇为常见的观点是，“主要推动者”会不断地创造并强行通过新计划，就像一个强大的多数派领袖在美国国会里所做的那样。在我看来，这种观点具有误导性。

成功的高管对组织的权力结构非常敏感。在考虑当前任何重大提案时，他们都会在一个坐标上画出组织中不同个体和单位的立场，从彻底、坦率的支持，到坚决、有时是恶意的而且经常被掩饰得很好的反对。坐标的中间是一个相对中立的区域。在通常情况下，一个提案的若干方面会落到中间这个区域，而他们知道这是自己可以运作提案的地方。他们会评估组织中各种利益集团的影响程度和性质。他们的洞察力让他们得以穿过这个相对中立的、我称之为“走廊”（corridors）的区域。当走廊关闭时，他们很少去硬闯，而是选择停下来，直到走廊畅通。

与这项技能相关的能力是认识到在组织中需要一些放飞“试探气球”

（trial-balloons）[1]的人。他们知道，组织只能容忍一定数量的来自金字塔顶端的提案。无论多么想用自己源源不断的想法来激发组织，他们都知道必须通过组织中不同部门的众多谋士来开展工作。这些人会提出试探性方案，而他们则研究关键个体和关键群体对此的反应，并因此得以更好地评估如何避免各种提案被削减。他们很少能找到一个得到组织所有成员支持的提案。一部分人的强烈支持必然会引起其他人的强烈反对。

时机感的价值

遇到这样的情况就意味着，良好的时机感是高管的无价之宝。当处于某个时间点时，优秀的管理者可以确定一系列自己感兴趣的目标，尽管这些目标的轮廓可能相当模糊。他们的时间表也很模糊，其中一些目标必须比其他目标更早完成，而有些目标往后推迟数月或数年也是稳妥的。对于如何实现这些目标，他们的想法更是模糊。他们会对组织中的关键个体和关键群体进行评估。他们知道每一方都有自己的一系列目标，有些目标他们了解得相当透彻，而有些则只能猜测。他们还知道，这些个体和群体是某些计划或项目的障碍，必须将其反对意见考虑在内。随着日常经营决策的制定以及个体和群体对提案做出的回应，他们会更清晰地认识到中立"走廊"的位置。于是，他们采取了相应的措施。

模糊的艺术

成功的管理者知道如何让组织确信方向感的存在，却从不真正让自己为一系列具体目标的达成当众承诺。无论是个人的还是公司的、长期的还是短期的，他们并不是说没有目标。他们的目标是其思考的重要指南，而且随着对工作涉及的资源、面临的竞争以及不断变化的市场需求有了更深刻的理

① 指用来测试其他人反应的试探性方案或行动，特别是在人们可能持反对意见的情况下。——译者注

解，他们会不断修改目标。但是，当组织强烈要求对目标进行阐述时，却往往得到类似下面的反馈："公司的目标是成为行业第一""管理层的目标是对股东、员工和公众负责"。

维持可行性

在我看来，这样的阐述对各级管理者几乎提供不了任何指导，却被大量聪明人欣然接受并作为目标。为什么优秀的管理者不将他们为组织设定的目标精确表述出来呢？主要原因是他们发现制定出来的具体目标不能保证在将来的每一个合理期限内都是适宜的。商业环境不断地加速变化，而公司战略必须不断地进行修订，以适应这种变化。战略阐述越明确，在需求和环境发生变化时，想要说服组织改变相关目标就变得越发困难。

可以肯定的是，在公众和股东的认知里，组织必须拥有一系列明确的目标和清晰的方向。但实际上，优秀的高管对应该选择的方向很少如此确定。他们比任何人都更能感受到公司所面临的众多威胁，既有经济上的威胁，又有竞争对手行动上的威胁，还有自己组织内部的威胁，等等。

他们还知道，想要把目标阐述得足够清楚，让组织中的每个人都能理解其含义是不可能的。目标只能随着时间的推移而逐渐通过经营决策的一致性或模式化来传达。这种决策比话语更有意义。在阐述清楚具体目标的情况下，组织往往会对其进行解释，使其符合自己的需要。

那些一直迫切要求有更确切目标的下属，实际上是在做不利于自己的事情。目标表述得越具体，下属的可操作性就越低。活动范围的缩小，意味着下属自由活动和用来容纳组织中不断产生新想法的空间也相应地缩小了。

避免政策束缚

成功的管理者不愿意确切表述的特点也延伸到政策决策方面。他们很少对政策进行直截了当的表述。他们可能意识到，某些公司的高管花费了太多时间来裁决由政策表述所引起的争议，而不是去推动公司发展。管理学教科书声称，一系列明确的政策是一家公司实现管理有方的必要条件。我的研究并不支持这一看法。

既然能干的管理者不做政策决策，那么这是否意味着管理有方的公司在经营时没有政策？当然不是。不过他们的政策是由各种经营决策以无法形容的方式进行混合，然后随着时间的推移不断演化出来的。任何单一的经营决策都可能会产生组织所理解的政策的一个微小方面；而一系列决策则会产生一种为组织各个层级提供指导的模式。

熟练的管理者会抑制住想要撰写公司信条或编制政策手册的冲动。专注于公司目标和部门目标的详细说明，以及详尽的组织结构图和职位描述，往往是组织处于衰退早期阶段的最初症状。

对目标的详细阐述可能只会使实现这些目标的任务变得复杂。具体而详细的阐述给了反对者一个机会来组织抵制行动。

有目的地混淆

有这样一种信条：管理应该是一门综合的、系统的、有逻辑的、编排完善的科学。我要讲的最重要的技能却与这一信条相去甚远。在这篇文章所提出的所有“另类观点”中，这一点应该是最令教条主义者受打击的！

根据我的观察，成功的管理者会意识到，试图在组织内推行一系列方案或计划是徒劳的。他们可以接受不完全的采纳，从而朝目标迈出几步。为了避免在原则问题上的争论，他们会竭尽全力将那些看似无关紧要的部分拼凑在一起，形成一个至少部分朝着目标前进的方案。他们秉持乐观主义和坚持不懈的态度，并且一次又一次地对自己说："这个提案一定有我们可以利用的部分。"

一旦发现面前的不同提案之间存在联系，他们便意识到可以整合和重组它们。由此可见，他们是具有广泛兴趣和好奇心的人。他们了解的事情越多，就越有机会去发现那些有关联的部分。这一过程不需要多少聪明才智或不寻常的创造力。他们的兴趣越广泛，就越有可能把几个不相关的提案绑在一起。他们是熟练的分析师，更是概念家。

假如管理者创建或接手了一家基础坚实的公司，那么他们就很难想出这家公司里以前从没有人想到过的主意。他们最重大的贡献可能就是看到了其他人所看不到的关系。

很多关于成功高管的文章都把他们描绘成伟大的思想家，坐在办公桌前为公司起草总体蓝图。但我在工作中看到的成功的高管并不是这样经营公司的。他们不会绘制出成熟、完善的决策树，而是从一根小树枝开始，帮助它成长，并在测试了树枝对重量的承受能力之后，树枝才会伸展开来。

卓有成效的管理者会发现，机会和关联存在于一连串的经营问题和决策之中。但是，为了避免让人从对这项技能的描述中得出"优秀的管理者更多是在即兴发挥，而不是做规划"的结论，我想强调一下：优秀的管理者是做规划的，并且鼓励下属进行规划。不过有趣的是，一个优秀的总经理可能会激怒职业规划师。大多数人会抱怨总经理缺乏远见。对于职业规划师制定的总体规划，总经理或其他经营管理者似乎会视而不见，或者只给予最低限度的认可，比如在实施过程中东挪西借地投入零星资源。优秀的管理者知道，即使是规划完善且富有想象力，工作也只是刚刚开始，要完成漫长而痛苦的实施任务将取决于他的技能，而不是规划师的技能。

STRATEGY
BITES BACK

对成功战略的再思考

1959 年，当时尚未生产汽车的日本摩托车制造商本田公司进入了美国市场。到了 1966 年，它在当地的市场份额达到 63%。其中部分原因是丰田在大型摩托车销售上击败了美国和英国的制造商，从而赢得了穿着黑色皮夹克的壮汉们的青睐，他们构成了它的初始市场消费群体。还有部分原因是它创造了一个新的、针对普通用户的小型摩托车市场，而这要归功于一场名为“骑上本田车遇见最好的人”的传奇般的广告宣传活动。事实上，自 20 世纪 40 年代以来，该公司一直在为日本市场生产这些小型摩托车。当时，藤泽武夫说服了他的合作伙伴本田宗一郎，而后者的爱好是设计大型摩托车及参加比赛。藤泽认为，战后许多日本人买不起汽车，但可以接受以廉价的小型摩托车作为日常交通工具的做法。

英国政府看到在 1959—1966 年，英国摩托车制造商在美国的进口市场份额从 49% 下降到 10%，于是聘请了波士顿咨询公司来寻找原因并提供建议，帮助其制造商夺回市场。1975 年，波士顿咨询公司在一份报告中对此做出了回应。这份报告后来广为人知，并成为哈佛大学和加州大学洛杉矶分校等学校撰写案例的基础。

下面我们转载了这份报告里的两段节选，让大家感受一下它要表达的意思。之后是一份对负责进入美国市场的本田公司管理者的部分采访记录。访谈主持人是《日本企业管理艺术》（*The Art of Japanese Management*）的作者之一理查德·帕斯卡尔（Richard Pascale），他对波士顿咨询公司的报告存有疑虑。这个故事的意义不言自明，而两种解读的对比也同样具有意义。

另外，我们还转载了与这两则故事相关的多篇节选内容。

节选自波士顿咨询公司的报告

日本摩托车产业的成功源于20世纪50年代其国内市场份额的增长。到了1960年，日本国内市场上小型摩托车的产量已经相当巨大，生产成本也随之降低。这就形成了具有高度竞争力的成本优势，而且日本人以此为跳板，于60年代初利用小型摩托车对世界市场进行了渗透。

日本的摩托车产业，尤其是作为市场领导者的本田公司，呈现一致的景象。日本制造商的基本理念是，各车型的高产量为运用密集资本和高度自动化的技术并从中获得高生产率提供了可能。其营销战略也因此倾向于开发高产量的型号。于是，我们观察到，他们谨慎地把注意力放在产量增长和市场份额上。然后在生产方面，他们优先考虑优化工艺，以及降低投资成本，并在实践中实现了成本的降低。

资料来源：*Strategy Alternatives for the British Industry*，Boston Consulting Group，1975.

节选自对本田管理者的采访

说实话，我们没有战略，只是想看看我们能否在美国卖点什么。我们必须从财政部那里获得外汇配额。他们很是怀疑。丰田于1958年在美国推出了“丰田宝贝”（Toyopet），但惨遭失败。“本田怎么可能成功？”他们问道。几个月后，我们搁置了这个项目。突然，就在我们提出申请的5个月后，我们获得了批准，但只有我们预期投入水平的一小部分。“我们获批可以在美国市场上投入25万美元，”他们说，“但只能投入11万美元的现金。”其余的投资必须是零件和摩托车存货。

我们的重点是与欧洲出口的产品进行竞争。我们知道自己的产品在当时是优秀的，但并未达到远超竞争对手的程度。本田先生对250cc（1cc即1立方厘米）和305cc的两种产品特别有信心。这些大型车辆的把手形状看起来像是佛祖的眉毛，他认为这是一个强有力的卖点。因此，经过讨论并在没有令人信服的选择标准的情况下，我们对启动存货的配置是4种产品各占25%，包括50cc的“超级幼兽”（Supercub）及125cc、250cc、305cc的产品。当然，以美元计价，大型摩托车在存货中的比重很高。

由于日本政府严格的货币管制，再加上1958年在美国市场遭遇过的惨痛经历，因此我们开始时的规模很小。我们选择了洛杉矶，那里有大量的第二代、第三代日本人，那里的气候适合驾驶摩托车，而且人口也在不断增长。我们的资金非常紧张，因此我们三人合租了一间带家具的公寓，每月租金80美元，其中两人睡在地板上。我们在城市的一个破败区域找到了一间仓库，然后等着船来。我们也不敢花钱买设备，只能徒手把摩托车箱堆成3层高，此外还要打扫地面、建立并维护零件箱。

第一年，我们完全是在黑暗中摸索。我们不知道美国的摩托车业务仅在4月至8月的季节性窗口期开展，而我们选择的时间恰好是1959年销售季结束的时候。根据从日本经销商那里学到的宝贵经验，我们坚信要直接去找经销商。我们在摩托车贸易杂志上登广告寻找经销商。有几家回应了。到了1960年春天，我们有40家经销商，并在他们的门店里铺了一些货，主要是大型摩托车。其中有少量的250cc和305cc的摩托车卖了出去。然后，灾难发生了。1960年4月的第一周，有报告称我们的车辆漏油，离合器也容易出故障。这是我们最低潮的时刻。本田公司脆弱的声誉还没建立起来就要被毁掉了。原来，美国人的摩托车车程要比日本人的远得多，也快得多。但由于不知道这一点，所以我们不得不拿出宝贵的现金储备，把摩托车空运到日本的本田测试实验室。在整个黑暗的 4 月，泛美航空（Pan Am）是美国唯一一家给我们好脸色的企业。我们的测试实验室每天 24 小时不间断地对摩托车进行台架试验[①]，试图重现故障。不到一个月的时间，我们重新设计了气缸垫片和离合器弹簧，从而解决了这个问题。但与此同时，事情发生了惊人的变化。

在前 8 个月里，我们听从了本田先生及我们自己的直觉，没有尝试销售 50cc 的“超级幼兽”。它们虽然在日本取得了巨大的成功，而且供不应求，但看起来完全不适合美国市场，因为那里所有的产品都更大、更豪华。起到决定性作用的因素是，当我们把目光投向进口市场时，我们发现，欧洲人和美国制造商一样，都看重大型摩托车。

我们自己骑着本田 50cc 的摩托车，在洛杉矶跑腿。它们吸引了很多人的注意。有一天，我们接到来自西尔斯的买家电话。我们坚持拒绝通过中介来销售，虽然我们注意到西尔斯对此很感兴趣。不过我们仍然迟迟不愿推销 50cc 的摩托车，因为我们担心它们会损害我们阳刚的市场形象。但是，在大型摩托车开始垮掉的情况下，我们别无选择。于是我们让 50cc 的摩托车上市销售了。

① 指车辆出厂前进行的模拟运行试验。——译者注

美国摩托车及零部件进口

下面两幅图展示了波士顿咨询公司对英国和日本的摩托车市场所做调研的部分结果。

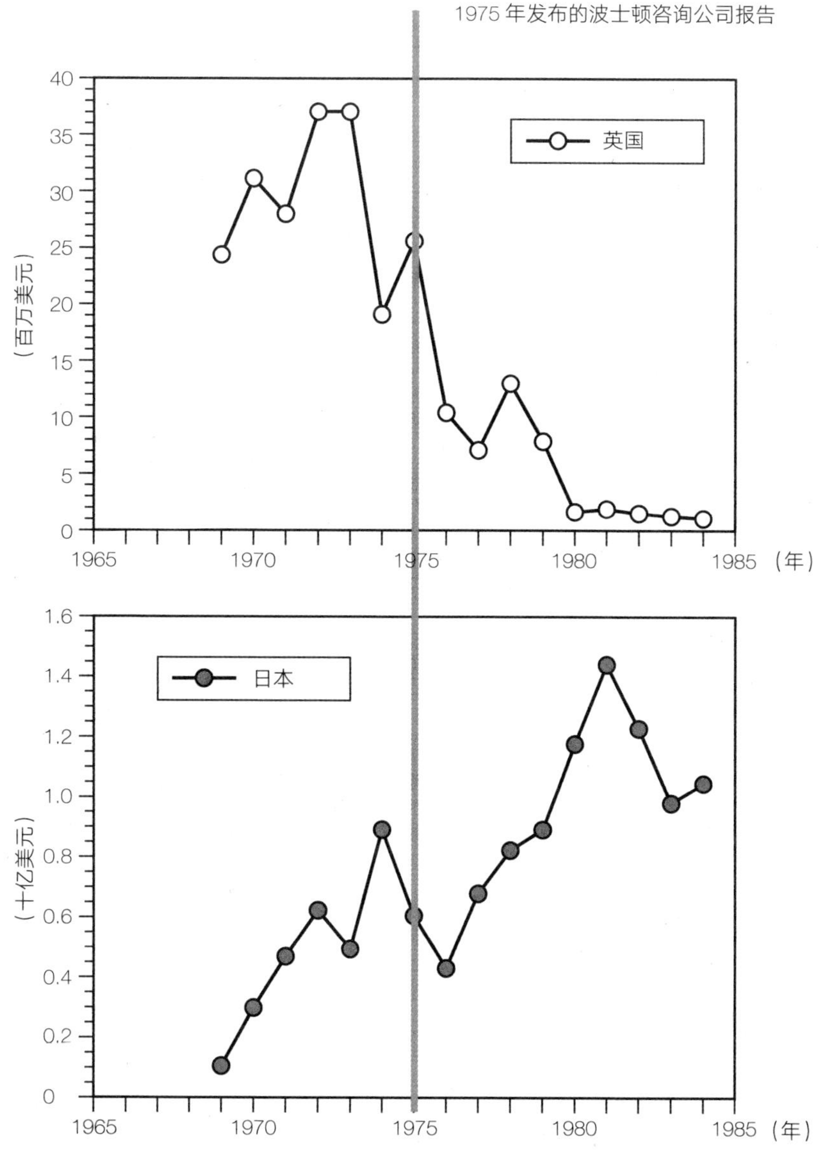

关于本田，波士顿咨询公司的报告与本田管理者的用词比较

波士顿咨询公司的报告	本田管理者
具有高度竞争力的成本优势	没有战略
以此为跳板	卖点什么
渗透	第一年……在黑暗中摸索
一致的景象	事情发生了惊人的变化
谨慎地把注意力放在产量增长和市场份额上	我们别无选择

资料来源：*Strategy Alternatives for the British Industry,* Commodity Trade Statistics, Boston Consulting Group, 1975.

STRATEGY
BITES BACK

英国的摩托车产业怎么了

伯特·霍普伍德
Bert Hopwood

在本田公司进入美国市场的时候，伯明翰轻武器公司（BSA）是英国摩托车的主要生产商之一。本文节选自其主管霍普伍德的著作。

公司总部的全职高管没有一个人对单轨车辆有最基本的了解。

在20世纪60年代早期（正好是本田公司管理者在洛杉矶骑摩托车的时候），一家世界著名的管理咨询集团的CEO努力想让我相信：高管最好尽可能少地了解产品。这位伟人真的相信，这条限制能够让高管以一种超脱和不受约束的方式有效地处理所有的业务。

资料来源：*Whatever Happened to the British Motorcycle Industry*? by Bert Hopwood, San Leandro, CA: Haynes Publishing, 1981.

STRATEGY
BITES BACK

对本田的反思

理查德·鲁梅尔特
Richard Rumelt

加州大学洛杉矶分校教授鲁梅尔特过去常常在其战略课上使用波士顿咨询公司的本田摩托车案例。

1977 年，我在 MBA 考试中设置了一道关于本田摩托车案例的题：“本田应该进入全球汽车业务领域吗？”这是道“送分题”。任何答“是”的人都会不及格。原因有以下几点：

- 市场已经趋于饱和。
- 在日本、美国和欧洲各国存在非常强大的竞争者。
- 本田公司在汽车行业几乎没有经验。
- 本田公司没有汽车分销体系。

1985 年，我的妻子开着一辆本田车。

如果你知道如何设计一个强大的摩托车引擎，那么我可以在几天内把你需要知道的所有关于战略的知识都教给你。如果你是战略学博士，那么你努力再多年也不太可能拥有设计出强大的新型摩托车发动机的能力。

资料来源：*Many Faces of Honda* by Richard Rumelt, 1995: pp. 9-10.

STRATEGY
BITES BACK

假如由蜜蜂和苍蝇来制定战略

萧寿华
Gordon Siu

本书的3位作者对这则故事的解读：我们需要多一些“苍蝇”而少一些“蜜蜂”来制定战略。

假如在一个瓶子里放6只蜜蜂和6只苍蝇，并把瓶子放平，把瓶底朝向窗户，那么你会发现，蜜蜂坚持努力寻找出口以穿过瓶底的玻璃，直到筋疲力尽或饥饿而死；与此同时，苍蝇用了不到2分钟，就全部从另一端的瓶口突围出去。

正是因为蜜蜂爱飞行、有智慧，才导致它们在实验中失败。它们显然设想每个监牢的出口都一定是最亮的地方，于是采取了相应的行动，并且坚持这一合乎其逻辑的行动。对蜜蜂来说，玻璃是一种超自然的神秘物件。它们的智慧越高，这道奇怪的障碍就越显得不可接受、不可理解。然而，愚笨的苍蝇不关心什么逻辑。它们到处乱飞，却误打误撞地碰上了好运，最终发现了这扇让它们重返自由的友好大门。

资料来源：Quote by Gordon Siu from *In Search of Excellence* by T.H. Peters and R.H.Waterman, New York: Harper and Row, 1982: p. 108.

战略形成的两种方式

亨利·明茨伯格
Henry Mintzberg

现在，对于战略过程我们有了两种截然相反的观点。在这篇“豆腐块”文章中，本书的一位作者用接地气的比喻对两者做了比较。

温室模型（“蜜蜂”适用）：

- 企业只能有一个战略规划者，这个人就是CEO；其他管理人员可以参与，规划人员提供支持。
- CEO通过有意识的、受控的思考过程来制定战略，就像在温室里培育西红柿一样。
- 这些战略在培育过程中得到了充分发展，然后被正式而明确地表述出来，就像成熟的西红柿被摘下来送去市场一样。
- 这些明确的战略被正式实施，其中包括制定必要的预算和计划，并设计相应的组织框架。

- 管理这一过程就要分析相应的数据，预先构思各种有洞察力的战略，然后小心翼翼地培育它们，并且在成长过程中定期照料、观察它们。

草根模型（“苍蝇”适用）：

- 战略最初像花园里的杂草那样生长出来，而不是像温室里的西红柿那样被培育出来。换句话说，战略形成的过程可能被过度管理了；有时，让模式自然形成，比过早地让组织保持刻意的一致性更加重要。如有需要，温室可以稍后再建。

- 这些战略可以在各种地方扎根，即几乎任何有学习能力并有资源的人都能培育战略。有的时候，某人或某单位碰到某一特定的机会，于是创造出自己的模式。只要有偶发事件开创了先例，一切就会悄然发生。还有的时候，不同的人会通过相互调整，逐渐或自发地开展一系列与战略主题相同的行动。外部环境还可以将某种模式强加给一个毫无戒备的组织。关键是，组织无法规划出战略会在哪里出现，更不用说规划战略本身了。

- 当这些模式成为集体性活动，即被整个组织所采纳时，它们就变成了组织战略。杂草可以迅速繁殖并覆盖整个花园，于是原先的植物可能会显得格格不入。同样，新生战略有时也会取代经过深思熟虑的现有战略。但野草难道不是一种出人意料的植物吗？只要改变一下视角，新生战略就像野草一样，可以成为有价值的战略。就好比蒲公英在北美洲是最让人头疼的野草，而到了欧洲，它的叶子就成了人们喜欢吃的沙拉。

- 初始模式在组织中发挥作用的过程，不一定是正式领导者或非正式领导者有意计划好的，可能只是通过集体行动传播开来的，就像植物迅速繁殖那样。当然，只要人们意识到战略是有价值的，就能够管控其扩散的过程，就像人们选择性地培育植物一样。

- 新战略可能会不断涌现，并往往会在变革期充斥整个组织，而变革期则会串联起更完整的连续期。简单地说，组织就像花园，适用“播种有时，收获有时”这句格言，有时甚至没播种也有意外收获。组织在融合期会充分利用已确立的既定战略，但融合期往往会被分歧期所打断，而在分歧期，组织会尝试并接受新的战略主题。

- 对战略过程的管理并不是要预先设想各种战略，而是要找出自发形成的战略，并在适当的时候进行干预。一旦发现破坏性的杂草，最好就立即根除。但是，面对有可能结出果实的杂草，不妨多加关注，必要的话甚至值得为它建造一间温室。在这种情况下，管理就是营造一种氛围，让各种战略都能在其中生长，然后看看会出现什么情况。但管理层不能过快地取消那些不符合期望的活动。此外，管理层必须知道，何时应该为了内部效率而抵制变革，何时则应该为了适应外部环境而提倡变革。换句话说，他们必须觉察出何时应该充分利用现有的战略，何时应该鼓励用新的战略取代现有的战略。

资料来源：*Mintzberg on Management: Inside our Strange World of Organizations* by Henry Mintzberg, New York: Free Press, 1989: pp. 214-216.

STRATEGY
BITES BACK

不断学习的战略

加里·哈默
Gary Hamel

这篇文章是哈默在其研究成就最鼎盛的时期写成的，很有见地。它开阔了战略的视角，将其带入生活，并且给出了合理的建议。

战略这行有个不可告人的小秘密，那就是它根本没有任何战略制定方面的理论。无论何时遇到一个绝佳的成功战略，我们都想问："是交了好运，还是有先见之明？这些家伙是对一切都了然于胸，还是误打误撞就成功了？"

需要记住的关键一点是，真正有创新性的战略总是幸运加先见之明的结果。再强调一遍，总是！然而，先见之明不会出现在真空式的不毛之地，而是出现在充满着过往经验、并发趋势、意外谈话、随机思考、职场曲折和未尽抱负的肥沃土壤之中。但问题仍然存在。我们能否做些什么来增强供战略生长的土壤肥力？我们能否在机缘巧合之下有意外收获？或者至少促成其发生？我认为这是可以实现的。

深入发展战略创建理论是一个很好的着手点。很明显，战略制定并不是某种“事物”，也不是某种过程；相反，它必须是一种深层次的能力，一种对所在行业真实情况进行理解和颠覆的能力，然后能够对即将来临的新机遇进行设想。

战略制定不是一年一次的“祈雨仪式”，也不是10年一次的咨询项目。战略制定必须是一项深层次的技能，如同全面质量管理、缩短周期或提升客户服务。就像业务流程可以通过大大小小的方式进行重塑一样，商业模式也可以如此。这就是新财富的创造方式。

组织可以通过以下5种方式从根本上重新思考其使命。

倾听新的声音。公司失去未来，不是因为组织臃肿或懒惰，而是因为盲目。这种盲目是与生俱来的。土地对鱼来说是个谜，因为鱼在基因上不具备理解土地的能力。而当鱼对土地有所了解时，往往已经太晚了。同样，很多公司在基因上没有能力看到未来在哪里。基因多样性的缺失使得公司很难囊括并利用各种趋势和非连续性来创造新的财富。新的声音，即新的基因物质，必须纳入制定战略的过程。多样性是生命发展的要求，也是新战略涌现的要求。

开展新的对话。战略不仅取决于各种不同的声音，也取决于这些声音之间的联系。为使战略涌现，我们需要新的对话，要能够跨越职能、技术、层级、业务和地域的边界。有一点是可以肯定的：如果一家公司连续五六年都由同样的10个人或15个人以同样的方式进行关于战略的对话，那么新的见解就不可能出现。战略制定取决于是否创建了一张丰富而复杂的对话网络，而这些对话网络能够打破以前相互隔绝的知识孤地，并创造出各种意想不到的新的见解。

对话不能急于求成，不能严格按照脚本进行，当然也不能硬塞进典型的规划过程或是豪华酒店举办的为期两天的战略“务虚会”之中。

我们经常感叹这样一种现实：一项新战略要花那么长时间才能通过官僚组织的层层把关，到达能够分配资源的管理层。鉴于此，很多公司都曾设立单独的部门，也就是通常所说的“新风险部门”。但是，不妨想象这样一种战略过程：掌握所有资源的高管层与那些通常被排除在战略领域之外、没有战略过程参与权的年轻人及新人并肩工作，会发生什么？

找到新的视角。你无法提高一个人的智商，但可以帮助他以新的方式来看待世界。你可能上过经济学课程，一开始并不喜欢它，但有一天，你就像开窍了一样，开始用新的视角来看待这个世界。突然间，你明白了利率是如何确定的，供求关系如何决定价格，以及哪些因素会影响汇率。你变得豁然开朗。伟大的战略需要新的观察方式。对公司业务的重新定义能更好地构建起新的观察方式。

不过，能提供启迪的不只是一个新的视角，也可以是一个新的有利位置。有时，一家公司根本无法从它所处的位置看到未来。例如，诺基亚是芬兰一家生产手机的公司，总部位于北极边缘，它可能会因位置不利而无法追踪地球另一端的人们在生活方式上的趋势，而这些趋势可能会从根本上重新定义其所处的行业。要想解决这个问题，一个可能的方案是将芬兰的工程师派往美国加利福尼亚州的威尼斯海滩、英国伦敦的国王路，或在地球上引领生活方式新趋势的其他地方，让这些工程师沉浸在新的文化环境中，并且改变他们的经验基础。制定创新战略的机遇并不来自枯燥的分析和数字计算，而来自能够为新见解的产生创造机遇的新经验。词曲作家吉米·巴菲特（Jimmy Buffet）将其简述为：“纬度改变，态度随之改变。”

激发新的热情。我们常常忽略了战略的情感一面。如果战略在一定程度上是关于集体目标和共同命运的，那么难道我们不需要在战略的创建方式上明确承认这一点吗？例如，是否有人曾明确地研究过投入的问题？我指的不是高管对财务资源的投入，而是组织底层的个体情感的投入，他们被要求奉献自己的一生来实施一项新战略。

我相信，提高投入的一个方法是让组织上下的个体都深入参与战略创建的过程。我认为个体应该拥有发言权，从而决定他们为之付出努力的组织的命运。我相信，几乎每个人的内心深处，都对发现和创新充满热情。我们尝试去新的餐馆，去新的地方度假，寻找各种新的体验。当组织邀请其成员参与规划集体的命运时，其中所迸发出来的热情总是让我感到惊奇。

进行试验。热情和先见之明的作用也是有限度的。战略执行的最终目标可能清晰可见，如“我想爬上那座山”，但从起点来看，大部分路线可能是不可见的。要想看清前面的路，唯一的办法就是开始行动。因此，相较于先见之明和热情，试验对战略来说同样重要。

在很多组织中，对效率的追求使得试验被排除在外。我经常问管理者一个问题：“你能指出公司里正在进行的 20 个或 30 个小试验吗？即你认为可以从根本上重塑公司的那种试验。”在大多数情况下，回答是否定的，没人能指出来。

试验的广度必须与公司所面临的不可知的程度相关。关于不可知的问题，美国通用电话电子公司（GTE）总裁肯特·福斯特（Kent Foster）这样说道：“我们谈论的是仍在不断发展的产品，通过每天仍在变化的技术，交付给一个仍在兴起中的市场。”对任何试图在新经济的混乱狂潮中找到出路的管理者来说，这听起来一定很熟悉。很显然，在这种环境中，试验是必需的。试验越多，公司就越能快速、准确地了解哪些战略可能会奏效。我们的目标不是去制定完美的战略，而是要制定能把我们带到正确方向上的战略，然后通过快速的试验和调整来逐步完善战略。

资料来源：Original title: “Killer Strategies That Make Shareholders Rich”, *FORTUNE*, Gary Hamel, 1997, Time Inc.

STRATEGY
BITES BACK

上上下下的战略（一）

约翰·科特
John Kotter
迈克尔·贝尔
Michael Beer
……

科特与贝尔在哈佛大学授课，他们的办公室就隔着几步远。两人分别在《哈佛商业评论》上发表了一篇关于有效变革步骤的文章，其中一篇包含8个步骤，另一篇则包含6个步骤。除此之外，这两篇文章就没什么相似之处了。一篇文章鼓励自上而下的变革，而另一篇则鼓励自下而上的变革。

如果专家都不能达成一致的意见，那么实践者要做些什么呢？

自上而下的变革

科特如是说：

- 建立紧迫感：研究市场和竞争的实际情况；识别并讨论当前危机、潜在危机与重大机遇。
- 组建强有力的指导联盟：建立一个拥有足够权力的小组来领导变革工作；鼓励该小组进行团队合作。

- 创建愿景：创建愿景来引导变革；制定战略以实现愿景。

- 沟通愿景：利用所有可能的方式来沟通新愿景和战略；通过联盟的榜样作用来教导新的行为。

- 授权他人按照愿景行事：消除变革障碍；改变严重削弱愿景的制度体系或组织结构；鼓励冒险及非传统的想法、活动和行为。

- 规划并创造短期胜利：制定规划以实现绩效的明显改进；认可并奖励参与改进的员工。

- 巩固改进的成果并衍生更多变革：利用可信度的增强来改变与愿景不匹配的制度体系、组织架构和方针政策；雇用、提拔并培养能够实现愿景的员工；用新的项目、主题和变革力量促进变革的深入。

- 实现新做法的制度化：阐明新的行为方式与公司成功之间的联系；开发促进领导层发展和权力交接的手段。

资料来源：Reprinted by permission of *Harvard Business Review* from "Leading Change:Why Transformation Efforts Fail" by J.P. Kotter, March/April 1995.

自下而上的变革

迈克尔·贝尔、罗素·艾森斯塔特（Russell Eisenstat）和伯特·斯派克特（Bert Spector）如是说：

- 通过对业务问题的联合诊断，使人们发起对变革的承诺；通过帮助人们共同诊断组织中哪里出了问题，什么可以改进，什么必须改进，业务部门的总经理调动起了变革过程中所需的初始承诺。

- 就如何组织和管理以提高竞争力达成共识。一旦核心小组人员对问题进行了具体分析，总经理就可以领导员工制定一个与任务相一致的组织愿景，从而界定新的角色和责任。

- 增进对新愿景的共识、培养愿景的实现能力，以及汇集愿景发展的凝聚力。

- 向所有部门传递重新振兴的理念不应只有从高层向下推行这一种方式。虽然组织可能更倾向把新发现的见解强加给组织的其他部门，尤其在组织需要快速变革的时候，不过这就犯了一个错误，就像高管试图在整个公司推行按部就班的变革一样，这样容易使变革过程发生“短路”而跳过了必要的阶段。最好的办法是让每个部门都“推倒重来”，也就是说，要找到自己的方式以融入新组织。

- 通过正式的方针政策、制度体系及组织架构将重振工作制度化……新的组织方式必须通过制度化变得根深蒂固。

- 对战略进行监测和调整，从而应对重振过程中出现的问题。变革的目的是创建一个能够适应不断变化的竞争环境的学习型组织。有人会说这是总经理的责任。但是，对变革过程的监控需要所有人共同承担。

资料来源： Reprinted by permission of *Harvard Business Review* from “Why Change Programs Don't Produce Change” by M. Beer, R.A. Eisenstat and B. Spector, November/December 1990.

STRATEGY
BITES BACK

上上下下的战略（二）

哈维·沙赫特
Harvey Schachter

当专家们在“自上而下”和“自下而上”的问题上无法达成一致的意见时，实践者要做些什么呢？这篇“豆腐块”文章认为两者都要做。英特尔就是这样做的，而且似乎很有效。本文来自加拿大商业记者沙赫特对罗伯特·伯格曼（Robert Burgelman）的《战略就是命运》（*Strategy is Destiny*）一书的评论。

英特尔以其奔腾芯片和在微处理器市场中的主导地位而闻名。然而，它进入此业务领域的举动曾受到高管的抵制，并非深思熟虑的结果。

1981 年，强大的 IBM 公司决定在其第一台个人计算机中采用英特尔的 8088 微处理器，而英特尔的高管未能理解这一关键决策的重要意义。事实上，在开发这款微处理器时，管理层列出的该硬件的 50 种可能的应用场景中，甚至不包含个人计算机。

一群富有创新精神而且贴近客户的基层管理者和工程师主导了这一战略的转变，从而挽救了英特尔的命运，半导体存储器市场作为英特尔最初的业务重点，虽在彼时已萎靡不振，但在当时仍是高管最关心的问题。

斯坦福大学管理学教授伯格曼在《战略就是命运》一书里讲述了前面的故事。这本书是他基于十多年来与该公司高管密切接触的经验，以及与英特尔前 CEO 安迪·格鲁夫（Andy Grove）共同教授战略管理课程的经历而写成的。

伯格曼勾勒出两种主要的战略规划形式，即自上而下式和自下而上式，书中分别用了术语“诱导式”（induced）和“自主式”（autonomous）。大多数公司自觉或不自觉地把两者都用上了。但它们之间的组合可能是至关重要的。英特尔在其第一个时代，即 1968—1985 年，在创始人戈登·摩尔的领导下，基本上使用了自上而下式，但其开放性的企业文化允许自下而上的主动性，从而挽救了局面。在第二个时代，即 1985—1998 年，格鲁夫更具控制欲，其自上而下的战略管理模式虽然帮助公司繁荣发展，但这也意味着若干具有潜在前景的风险项目因得不到资金或精神上的支持而被扼杀了，而这些项目可能会让今天的英特尔更加强大。

“虽然我除去了杂草，但把一些有潜力的种子也除掉了。”格鲁夫承认道。他未能看到英特尔芯片组的价值，而这类集成电路后来与奔腾处理器组成了强大的成套产品。幸运的是，正如负责监督这项工作的基层管理者所说的那样：“公司 CEO 说，我们所坚信的事情是做不成的，但我们没有听信他的说法。”值得称赞的是，在被证明是错的之后，格鲁夫发布了一个让步说明：“我过去说它不可能做得到。”

然而，和其他不被管理层看好的产品相比，芯片组的表现比较突出，因为至少它与公司的主要业务的焦点是紧密契合的。其他产品由于可能会把公司带上一条不同的发展路线，因此并没有实施的机会。另外，公司在转向网络化方面进展缓慢，甚至倡导这一业务的高管也丢了职位。

伯格曼将这种情况称为战略惯性，即如果一家公司对其战略专注到一定程度，在接受其他选择上它就会表现得迟缓。从而，与主战略互补的各种可能性被扭曲来与之相匹配，即使这样做对发展新举措来说并不一定是最佳方式。与核心战略不匹配的风险项目如果要生存下去，就需要一边推进，一边按进度付费，而很多这样的项目做不到这一点。

在现任 CEO 克雷格·巴雷特（Craig Barrett）的领导下开启的第三个时代，英特尔有意地将自上而下和自下而上两种战略结合起来。要让这种方式取得效果，就必须对很多因素加以平衡，包括公司内部如何在相互竞争的计划之间做出选择，以及外部利益集团如何做出相同的选择。

伯格曼认为，要想取得成功，管理层就必须在公司发展的整个过程中，谨慎地在自上而下和自下而上两种战略之间取得平衡。

资料来源： Originally published in the *Globe and Mail*, Toronto, Ontario, Canada, Monday, June 17, 2002: Section C1.

STRATEGY
BITES BACK

言其所行

卡尔·维克
Karl Weick

维克用一种迷人的方式颠覆了传统智慧。在这篇文章中，他展示了如何为了思考而行动，即为了学习和理解这个世界而行动，为了制定战略而实施战略。这篇“豆腐块”文章让我们得以理解本章所讲内容的意义。

管理者被反复敦促要言出必行，这样其他人才会认真地对待管理者所宣扬的东西，并试着在自己的工作中贯彻执行。虚伪是罪魁祸首，而为了去除虚伪，管理者被要求“行其所言”(walk the talk)。

人们试着行其所言，却失败了，部分原因在于，他们的计划从一开始便注定是失败的。失败不可避免，因为他们把事情的先后弄反了。行动是找到可言之事的手段。人们观察他们的言论、感受及行动轨迹，从而发现他们的想法。言论构建起行动的意义，这就意味着行其所言做得最好的人，其实谈论的是他们发现自己做得最多、最投入，也最满意的事情。不行动怎么会看清自己的价值？人们会通过行动弄清楚其行为、行动和言论的意义。如果他们被迫行其所言，那么可能会增强责任感，但也可能会变得更加的谨慎并形成惰性，从而削弱冒险精神和创新精神。出现这种结果不仅因为人们害怕，还因为那些被迫过早地行其所言的人往往会放弃探索那些代表其不甚理解的言论的行动。由于人们往往将不甚理解的事情视为不可控制的，认为它们似乎是一种威胁而不是机遇，于是创新之路就此被关闭了。

人们行动是为了思考，就像人们为了看清自己的想法而发表言论一样。或者，用本文的话来说：人们为了找到可言之事而行动。

资料来源：Karl Weick, *Sensemaking in Organizations*, 182-183, copyright 1995 by Sage Publications. Reprinted by permission of Sage Publications.

如何进行战略决战

拿破仑
Napoleon
威灵顿公爵
Duke of Welington

如果我在任何场合都显得胸有成竹，那是因为我在做一件事情之前已经考虑了很久，我已经预见到了所有可能发生的情况。

我不知道要做什么，因为一切都取决于事件的发展。我不拥有自己的意志，我从结果中期待一切。

拿破仑

他预先在小事上进行了非常精确的计算，他的世界性设计则根据环境和形势发展而产生、转变、即兴发挥。

拿破仑的传记作者

他们策划战役就像制作一副精致的马具。它看起来很华丽，也很好用，但是一旦破损，就毫无用处。而我策划战役如同编绳，如果出了什么问题，我就打一个结，然后继续前进。

威灵顿公爵[①]

① 威灵顿公爵，曾任英国陆军元帅、英国首相，19 世纪最具影响力的军事、政治领导人物之一，1815 年在滑铁卢战役中彻底击败拿破仑。——译者注

STRATEGY
BITES BACK

后退几步看看

我们以一篇散文和一篇诗歌来结束本章。它们其实说的是同一件事情：要当心渐进主义，当心走一步看一步的战略把我们带入歧途。也许这两篇短小的文章比一篇长文章更能传递这个信息。

美国标准的铁路轨距是 1 435 毫米。这个数字非常奇怪。为什么会采用这种轨距？因为英国铁路就是这种轨距，而美国铁路是英国侨民所修建的。为什么英国人要这样修建铁路？因为修建第一条铁路线的和修建有轨电车轨道的是同一批人，当时他们用的就是这种轨距。为什么他们要用这种轨距？因为建造有轨电车的人使用了与建造马车相同的夹具和工具，而马车使用了这种轮距。

那么，为什么马车会有那样一个特别而又奇怪的轮距呢？这个嘛，如果他们试图使用其他轮距，那么跑在英国某些长途老路上的马车轮子就会断裂，因为那是车辙的间距。

那么，是谁修建了那些带车辙的老路呢？欧洲的第一条长途公路是由罗马帝国为其军团修建的。从那时起，这些道路就一直在使用。那路上的车辙是怎么回事呢？路上的车辙最早是由罗马战车碾压形成的，后来，每辆马车都必须与车辙保持一致，因为人们担心损坏马车的轮子。由于这些战车是罗马帝国制造的，所以它们的车轮轮距都是一样的。

美国标准铁路 1 435 毫米的轨距源于罗马帝国战车的原始规格。规格和官僚机构永远存在。因此，当你下次收到一份规格文件，并琢磨这是哪个“不通情理的人”想出来的时候，你可能是对的，因为罗马帝国战车的宽度刚好可以容纳两匹战马的后段。至此，我们得到了最初那个问题的答案。

故事到此还没结束。我们观察坐落在发射台上的航天飞机，会发现主燃料箱的侧面连着两个助推火箭。它们是固体火箭的助推器。助推器是由齐柯尔（Thiokol）公司在美国犹他州的工厂制造的。如果可能的话，设计助推器的工程师会希望把它们做得更粗一些，但这些助推器必须用火车从工厂运到发射场，而从工厂出来的铁路必须穿过山区的一条隧道。隧道比铁轨略宽，而铁轨大约有两匹马的臀部那么宽。因此，虽然航天飞机可以说是世界上最先进的交通工具，但它的一个主要结构特点是由 2 000 多年前马屁股的宽度决定的！

看到这里，你还对工程学无动于衷吗？

STRATEGY
BITES BACK

小牛走过的路

山姆·沃尔特·福斯
Sam Walter Foss

一天，一头小牛穿过原始林区，
像乖乖的小牛应该做的那样，走回家去，
可它留下一条足迹，弯弯曲曲，
歪斜的足迹，所有小牛都抹不去。

从那之后，三百年飞逝，
据我推测，小牛已死，
但是它的足迹仍在，
并因此有了我的寓言故事。

第二天，一条孤独的狗路过，
沿着小牛的足迹往前走。
接着，一头聪明的领头羊挂着铃铛
沿着足迹越过溪谷和陡峭的山岗，
并且带领着身后的群羊，
像优秀的领头羊一直做的那样。
从那天起，一条小道越过沼泽、翻过山岭，
穿过那片古老的树林而逐渐成形。

很多人进进出出，
又躲闪，又拐弯，又处处绕路，
嘴里喷着义愤的话语，
因为这条路是如此弯曲。
别笑，可是他们仍然追随
那头小牛最初走过的路。
他们跟着小道在林中弯弯绕绕，
因为小牛边走边晃晃摇摇。

这条林间小道变成了小路，
小路绕来又绕去，拐弯处处。
这条弯曲的小路又成了大路，
路上很多可怜的马儿背着货物，
缓缓前行，而阳光正烈，
走上三里也不停歇。
如此过了一个半世纪，
人们脚下还是那头小牛的足迹。

岁月飞逝，目不暇接，
大路变成了村庄大街；
就这样，在人们意识到之前，
它又变成了城市拥挤的大道。
很快，这条大道成为城市中央，
形成了一个著名都市的模样。
过了两个半世纪，
人们脚下还是那头小牛的足迹。

每天，成千上万个人
都沿着那头蜿蜒前进的小牛的足迹前行，

而整个大陆的人来车往，
都在重走小牛的弯弯绕绕。

一头死了三百年的小牛带领着
成千上万的人们。
他们还在走小牛走过的蜿蜒道路，
日复一日，年复一年。
他们是如此地推崇
一个根深蒂固的传统。

STRATEGY BITES BACK

视角 7

有两副面孔的战略

为自己开脱就是在指责自己。

——法国喜剧作家莫里哀

跟一窝老鼠一起竞争的问题在于，即使赢了，你也还是一只老鼠。

——美国演员莉莉·汤姆林（Lily Tomlin）

质量有两个敌人：数量和平等。

——西班牙外交家、历史学家萨尔瓦多·德·马达里亚加（Salvador de Madariaga）

并非所有事物都不能用言语来表达，只有活生生的真理不能。

——法国荒诞派剧作家尤奈斯库（Eugène Ionesco）

IT IS FAR MORE, AND LESS, THAN YOU EVER IMAGINED...

导读

Strategy Bites Back

现在，我们已经理解，战略不仅仅包括 SWOT 分析模型、规划和电子表格。实际上，战略也不局限于思考、观察和学习。战略还有另外两个不应该被人们遗忘的维度（其中一个不允许我们遗忘，另一个则试图让我们遗忘）：政治之阳，即分化竞争；文化之阴，即团结协作。一个直面现实，另一个则带着光环。在某种意义上，两者是相反的力量。这一点将会在本章的几篇“豆腐块”文章中进行解释，而另外几篇“豆腐块”文章将指出它们之间的细微差异，以及它们在某些时候是如何协同发挥作用的。

政治可分为微观和宏观两个方面。其中，微观方面表现为组织内部的政治博弈，因为不同的利益集团为了自身的利益会试图将组织分化竞争。战略可能是一个争夺稀缺资源和未来方向的激烈战场。宏观方面则是组织在整体行动政治化的情况下，出于保护或发展其自身的需求，在整个社会层面进行分化竞争，有时会使用阴谋诡计，有时则会建立友好联盟。

文化则完全不同。在文化层面，人们聚集在组织周围，团结协作。这样做显然是有益的。战略与密切的合作相关。我们可以把文化想象成一块手工制作的波斯地毯——美丽而难以创造，因而可能形成了竞争优势的第一道防线。文化是根深蒂固的传统和独特的做事方式，与价值观和信仰交织在一起。

但这也显示出文化的弱点。一种强势文化把一切都紧密地编织在一起，所以人们很难做出任何改变。假如一块漂亮的旧波斯地毯上有一两根线已经磨损，那么这一两根线要如何去换？而那块地毯能把你的注意力转移到别处吗？换句话说，文化鼓励人们只看他们想看的东西，而这些东西往往与人们长期所见的没什么两样。因此，文化有助于保持稳定，却阻碍变化，无论是战略性的还是其他方面的，都是如此。

本章开头是两篇简短的精彩文章，分别讲了棋子和蜜蜂是如何斗争的；接下来是一篇关于如何在组织中玩政治游戏的“豆腐块”文章；其后是一篇“机关枪”文章，讲的是为公共关系而进行的规划，即“规划”这种表面上的理性分析工具如何沦为了隐秘的政治。

接着，我们听一位著名的咨询顾问讲述公司如何利用“边缘政策”来获得竞争优势与合作优势。其后是“诱惑”：毕竟我们是在讨论政治，只是在这篇“豆腐块”文章中，它看起来有点像文化。往下读，我们发现文化与战略很像。

最后是两篇“机关枪”文章，一篇讲的是如何扼杀一种文化（改变它可能很难，但扼杀它却很容易），另一篇讲的是如何建立一种糟糕的文化（也没什么难度）。让我们问问猴子吧。

STRATEGY
BITES BACK

棋子的江湖

菲利克斯・霍尔特
Felix Holt

请想象一下，如果所有棋子都有激情和智慧，或多或少又微弱又狡猾，那么，国际象棋游戏会变成什么样子：假如你不仅不确定对手的棋子会怎么走，而且对自己棋子的走法也有点不确定；假如你的马能自己偷偷跳到新格子里；假如你的象不喜欢你走了王车易位[①]，于是把你的兵从它的位置上骗走；而假如你的兵由于自己是兵而恨你，于是离开它的指定位置，让你突然被将了一军。即便你在演绎推理方面很擅长，却也有被自己的兵打败的可能。如果你傲慢地依赖自己的数学想象力，并对那些充满激情的棋子不屑一顾，那么你很可能会一败涂地。

资料来源： George Eliot (1980) Felix Holt, *The Radical,* Oxford: Clarendon Press, p. 237.

① 王车易位是国际象棋中一种特别的走法。在每一局棋中双方各有一次机会，可以同时移动自己的王和一个车。——编者注

STRATEGY
BITES BACK

蜜蜂的江湖

爱德华·威尔逊
Edward O. Wilson

在第一个案例中，两组蜜蜂信使进行竞争：其中一组宣布要去西北方向筑巢，而另一组则要去东北方向筑巢。双方都不愿意让步。最后，蜂群飞走了，我几乎不敢相信自己的眼睛，蜂群竟然试图发生分裂，其中一半飞往西北，另一半则飞往东北。显然，每一组侦察蜂都想将蜂群带到它们所选择的筑巢地点去。但这自然是不可能的，因为其中一组必然会没有蜂王，于是蜂群在空中展开了一场引人注目的拉锯战：它们往西北飞了 100 米后又往东北飞了 150 米。半小时后，蜂群回到了原来的位置。随即这两组蜜蜂都开始跳起招募舞。直到第二天，选择东北方向的那组才最终妥协，蜂群结束了舞蹈，并对在西北方向筑巢的提议达成了共识。

STRATEGY
BITES BACK

权力的法则

罗伯特·格林
Robert Greene
朱斯特·艾尔弗斯
Joost Elffers

格林和艾尔弗斯出版了一本畅销书——《权力的48条法则》(*The 48 Laws of Power*)。书中的法则来源于对历代伟大政治哲学家、骗子及著名人物的研究。在这里，我们选择了一些与战略最具相关性的法则。请注意，有些法则是相互矛盾的，比如第八条和最后一条。这就表明，如果你要玩政治游戏，那就必须谨慎地思考。这一点与战略的其他任何方面都是契合的。

1. 隐藏自己的意图。永远不要透露你行动背后的目的，要让别人晕头转向、蒙在鼓里。如果不知道你要干什么，他们就无法防御。引导他们在错误的道路上越走越远，用烟幕弹迷惑他们，等他们意识到你的意图时，为时已晚。

2. 靠行动而不是靠争论取胜。你以为通过争论获得了一些短暂的胜利，实际上这些都是得不偿失的。因为你所激起的怨恨和恶意比任何短暂的观点的改变都更强烈、更持久。通过行动而非言语让别人同意你的观点，这样更有说服力。要示范，不要解释。

3. 彻底击垮敌人。所有伟大的领导者都知道，必须彻底击垮一个可怕的敌人。有时候，他们是从惨痛的教训中学会这一点的。如果灰烬中还留有一丝余火，那么无论它多么微弱，最终都会重新燃起。半途而废所造成的损失比彻底歼灭造成的更大；敌人会恢复元气，并伺机报复。我们不仅要在肉体上击垮敌人，还要在精神上击垮敌人。

4. 吊足他人胃口，营造不可预测的氛围。人类是习惯性生物，有一种永不满足的需求：在他人的行为上看到熟悉的东西。你的可预测性给了他人一种控制感。反戈一击，故意让人捉摸不透。看起来没有连贯性或无目的的行为会使对方晕头转向，而他们为了解释你的所作所为，会把他们自己搞得筋疲力尽。这种策略如果发挥到极致，便能够产生恫吓和恐吓的效果。

5. 运用投降战术。当你处于弱势地位时，要化弱为强，不要为了荣誉而战，而要选择投降。投降可以让你有时间恢复元气，有时间折磨和激怒你的对手，并且有时间等待其力量的衰弱。不要给他打败你的满足感。要以不反抗的方式来激怒他，使他不安。让投降成为你获取力量的工具。

6. 集中力量。要保存你的力量和精力，把它们集中到最强的地方。找到一个富矿并深入开采，比你在各个浅矿间挖来挖去收获更大。强度永远胜过广度……

7. 重塑自我。不要接受社会强加给你的角色。通过塑造一个新身份来重塑自己，而这个新身份要能引起人们的注意并且永远不会让观众厌烦。做自己形象的主人，而不要让别人替你设定形象。将戏剧性的手段融入公开场合的姿态和行动之中，这将提升你的力量，并使你的个性与众不同。

8. 全程做好规划。结局就是一切。我们要全程做好规划，考虑所有可能出现的后果、遇到的阻碍以及命运的转折，因为以上种种都可能与努力背道而驰，而让别人享受荣耀。只有全程做好规划，才不会被环境所左右，并且你将知道应该在什么时候停下来。我们要温和地引导命运的走向，并且通过长远的思考来决定自己的未来。

9. 掌控选择权，让别人玩你发的牌。最好的欺骗是看似给了对方一个选择的机会，让他觉得一切尽在掌控之中，但实际上他的行为却在你的掌握之中。给人们提供选择的机会，而无论他们选择其中的哪一个，其结果都对你有利。让他们在“两害相权取其轻”中做出选择，而这“两害”都对你有利。让他们处于进退两难的境地，无论转向哪边都会受伤。

10. 学会把握时机的艺术。永远不要让自己看起来很匆忙，匆忙便暴露出你缺乏对自己以及时间的把控能力。要让自己看起来一直很有耐心，就好像你知道一切都会如期而至。要成为最佳时机的侦探，嗅出时代的精神，嗅出能引领你通往权力的潮流。学会在时机尚未成熟时向后站，但在时机成熟时迅猛出击。

11. 浑水摸鱼。愤怒和情绪在战略上适得其反。你必须时刻保持冷静、客观。但如果你能让敌人愤怒，自己保持冷静，你就获得了明显的优势。要让敌人晕头转向，找到他们虚荣心的缝隙，你就能拨乱他们的心弦，掌握主动权了。

12. 运用镜像效应来消解或激起敌人的怒气。镜子反映现实，也是完美的欺骗工具。当你完全模仿敌人的做法时，他们就会搞不清你的战略。镜像效应可以用来嘲弄和羞辱敌人，使其反应过度。对着他们的心灵举起镜子，可以诱使他们产生幻觉，以为你与他们有着相同的价值观；对着他们的行为举起镜子，可以给他们一个教训。很少有人抵挡得住镜像效应的力量。

13. 宣扬变革的需求，但变革的步伐不要太大。在理论层面，每个人都理解变革的需求。但在日常生活中，人们都是习惯性生物。太多的革新是令人痛苦的，会引起人们的反抗。如果你刚就任某个重要职位，或者当你来到了新环境而试图建立权力基础时，就要表现出对传统做事方式的尊重。如果变革是必要的，那么要让人觉得是在过去的基础上进行的温和改进。

14. 不要超过既定目标，要学会在胜利中见好就收。胜利的时刻往往是最危险的时刻。在胜利的激情中，傲慢和过度自信可能推着你超过之前设定的目标，而由于走得太远，你树的敌远比你打败的多。不要让成功冲昏头脑，战略和周密的计划的重要性是无可替代的。设定一个目标，当目标达成时，请停下。

15. 无招胜有招。采取某种形式，制订一份有形的计划，这样很容易让自己受到攻击。与其让你的敌人抓住机会，不如随机应变，并不断调整战略。请你接受这样一个事实：没有什么是十拿九稳的，没有任何法则是一成不变的。保护自己的最佳方法是像水一样无形地流动，永远不要把赌注押在稳定或持久的秩序上。一切都在变化。

资料来源：From *The 48 Laws of Powers* by Robert Greene and Joost Elffers, © 1998 by Robert Greene and Joost Elffers. Used by permission of Viking Penguin, a division of Penguin Group (USA) Inc.

STRATEGY
BITES BACK

作为公关行为的战略规划

亨利·明茨伯格
Henry Mintzberg

组织生活中的一切事物都可能被政治化，即使是系统性分析中最重要的理性工具——规划，也不能幸免。这篇“豆腐块”文章描述了在政府和企业中，规划是如何被用于宣传或公共关系的，以及所有这些是如何被政治化的。

有些组织将规划作为一种工具并不是因为每个人都认可规划过程本身的价值，而是其价值被有影响力的外部人士所认可。规划因此成为一种游戏。这就是所谓的“公共关系”。

有大量的证据可以支持这种认为规划只是用来装点门面以给外人留下好印象的观点。为了说明规划是一个披着“客观性外衣”的“装腔作势的过程”，纳特（Nutt，1984）引用了这样的例子：那些“城市政府聘请咨询顾问来做‘战略规划’以打动债券评级机构”，而且“企业用长期规划的主张来向同行和市场表明姿态”。在大学里，科恩和马奇（Cohen and March，1976）描述了“成为象征”的种种计划，例如，“一个正在衰落的组织可以宣布一项通往成功的计划”，而一个缺乏某种设备的组织也可以宣布一项获得设备的计划。他们还讨论了“成为广告”的计划，并且指出，“大学经常称之为‘计划’的东西实际上是一本投资手册”，其特点是“有图片，有对卓越的庄严声明，但就是没有最相关的信息”。兰利（Langley，1988）发现公共部门一般也是如此，而公共关系“可能是制定‘战略规划’的一个非常普遍的动机”，尽管“子公司或自主部门也扮演了同样的角色，因为它们也必须向母公司提交‘战略计划’”。

威尔达夫斯基（Wildavsky，1973）指出，在美国，国家领导人如果“想让别人认为自己是符合现代要求的，就会向访客提供一份让人眼花缭乱的文件”，而这份文件“没什么人关注”。事实上，它“不会成为克服国家困难的手段，而更可能成为掩盖困难的方式”。他们为什么不应该这样做呢？毕竟，“资本主义的美国”在向穷国提供外援的时候，“坚持要求对方呈报计划”：“计划是否可行并不重要，重要的是能否拿出一份看起来像计划的文件。”

能够制订计划大概就等于能够负责任地花钱。引用罗伦基和范希尔（Lorange and Vancil，1977）的话来说，就是：

> 一个组织宣布将开展正式的战略规划项目，就像一个人公开宣布他将戒烟一样。这样做会迫使CEO试着以他认为可取的方式改变自己的行为。

但是，他真的能做到吗？

从狭义上讲，某些以公关为目的的规划看起来似乎挺合理的。毕竟，超市需要资金，发展中国家需要援助，而大学也需要赞助。在相对贫穷的国家，国家规划“严格根据现金情况可能是合理的：规划者从国外引进资金，可能要比本国支持他们的成本高”（Wildavsky，1973）。

但从更广义上讲，这种规划到底合不合理？抛开集体资源的明显浪费不谈（即如果大家都不玩这个游戏就可以节省不少资金），公关型规划可能会扭曲组织本身的优先级。例如，在贫穷的国家，它错误地分配了非常稀缺的技能，而这些技能明明可以用于解决真正的问题，或做真正有用的规划！即使在更发达的国家，也应想想这些年来浪费了多少时间和人才。更糟糕的是，原本用于公共关系的规划可能应用在了不该应用的地方。

由于管理层缺乏必要的远见，或者他们仍处在为制定战略而进行复杂的学习过程中，那些被迫阐述并非战略观点的组织会陷入各种徒劳的行为中。其中之一便是宣扬陈词滥调，即没人打算实施的名义上的战略，即使它们可能行得通。

阅读萨默斯上校（Colonel Summers，1981）对自第二次世界大战以来美国军事战略的阐述，人们会有这样的印象：美军为了跟上现实情况的发展而疯狂地发表声明。例如，朝鲜战争后，《野战勤务条令》（*Field Service Regulations*）承认“有限目的战争”，并不再把“胜利”作为战争的必要目标；到了 1962 年，冷战得到承认！

本维尼斯特（Benveniste，1972）在关于“琐碎规划”（trivial planning）的讨论中，提出了以下公关型规划存在一些更加负面的效果：

- 存在着一种用过去的趋势来预测未来发展的倾向，即预测“大体相同”，专家们并没有提出任何难题。他们把现状当作理所当然，也不会做出任何政策选择。

- “琐碎规划”工作得到了很好的宣传，鼓励每个人参与并发表自己的意见。做出的计划被公布出来并广泛传播。文件印刷得很精美，但内容越来越少，篇幅却越来越长。

- “琐碎规划”是依次进行的。一组专家刚提出无关痛痒的建议，另一组专家就着手研究同样的或衍生的问题。大部分“琐碎规划”是由临时性的机构负责开展的，如工作组、总裁委员会及类似机构。这些机构具有双重优势：一方面，依靠着外部的知名人士，机构的知名度得以提升；另一方面，由于没有充足的时间，这些专家不清楚他们会如何影响变革。

- “琐碎规划”往往被保守人士采用。由于规划活动支持一种温和的改革主义思想，并且被认为是一种带来变革的尝试，因此使技术官僚的合法性更有助于维持保守主义立场的政策。

在关于法国国家规划经验的著作中，科恩（1977）总结道，“规划要么是政治性的，要么是装饰性的”。但是，装饰性（公关型）规划很容易成为政治性规划，从而使寻求控制的外部人员与寻求保护的内部人员形成对立。当规划成为打动高管的手段时，同样的情况也会在内部发生。科恩和马奇（1976）将其称为“一项对意志的行政测试”：

> 如果某个部门非常想开展一个新项目，就会花费大量精力，通过将支出纳入某项“计划”的方式使其“合理化”。如果一个管理者不希望对所有事情都说“是”，但对事情说“不”的时候又没有依据，他就会要求申请部门提供一份计划，以此来测试该部门的决心。

把以上观点汇总起来可以看出，公关型规划已经成为一种工具，而几乎每个使用它的人无论多么痴迷于获得控制权，都失去了控制权。外部人士得到的是无用的声明，初级管理者浪费时间去填写表格，而高管则无法专注于更重要的问题。最后只有那些采用某种不正当方式的规划者胜出，这不是因为他们使组织受益，而是因为他们自己获益更大。正因如此，这种为规划者的私利进行的规划从根本上说是政治性的。

因此，归根结底，人为制定、有名无实的规划并不能帮助管理者或外部有影响力的人对组织甚至组织环境进行控制，也不能使规划者做到这一点。恰恰相反，这个毫无生机的所谓“规划”系统把每个人都捆绑在一起，并最终控制了所有人！

资料来源：*The Rise and Fall of Strategic Planning*, by Henry Mintzberg, New York: Free Press, 1994. Excerpt with deletions from pp. 214-219.

STRATEGY
BITES BACK

商业领域的边缘政策

布鲁斯·亨德森
Bruce Henderson

我们再次遇到阴阳两极。首先从“阳”开始[①]：对于商业领域的边缘政策，波士顿咨询公司创始人亨德森的观点是，以合作来竞争，从而与对手达成协议。对任何身处大战略游戏中的大战略家来说，这都是一条非常有趣的建议。女性读者可能会因文中“商人”[②]“他”“他的”等阳性用语感到被冒犯。不过请记住，本文不仅首次发表于1979年，而且还与“边缘政策”这样一种相当男性化甚至是大男子主义的战略观点有关——你可以将之归属于“阳”。后面那篇则属于“阴”。

遗憾的是，一些商人和学生认为竞争是某种不带个人色彩、客观、无趣的行为，而一家公司在行业内的竞争就像一名高尔夫球手在打比赛。我们举个更好的例子：商业竞争是一场重要战斗，其中的竞争者众多，而且每个人都必须单打独斗。即使取得了胜利，也往往是在心理上取得胜利，而不是在经济方面。

① 本文英文标题为“Brinklmanship in Business”，Brinkmanship 来自冷战时期美国国务卿约翰·福斯特·杜勒斯（John Foster Dulles）提出的“到达战争边缘而不卷入战争”的外交政策，其目的是迫使对方让步和就范。——译者注

② 商人的英文单词为 businessmen，其中 men 是 man（男人）的复数。——编者注

我想强调两点。首先，公司管理层必须促使每个竞争对手都自愿决定，不再尽最大努力获取客户和利润。其次，这种劝阻力取决于情感和直觉因素，而不取决于分析或推论。

谈判者的技巧在于要表现得尽量武断，以尽可能取得最佳的妥协结果，但又不真正破坏双方以自我克制为基础的自愿合作。为了取得成功，需要遵守以下几条常识性规则：

- 确保竞争对手完全了解合作所能带来的好处及不合作的代价。
- 避免任何会引起竞争对手不良情绪的行动，因为至关重要的是让对方以合乎逻辑、合乎情理的方式行事。
- 要使竞争对手相信你在情感上坚定自己的立场，并且完全相信其合理性。

友好竞争者

谈论起与竞争对手的合作，大多数商人可能会觉得奇怪。但是，很难想象在什么情况下，为了竞争而彻底摧毁竞争对手是值得的。在任何情况下，减少竞争都有更大的优势，但前提是竞争对手也这样做。无论是否承认，这种相互克制就是合作。

商人应该注意到，经济竞争与和平时期的国家行为存在相似性。它们的目标都是使竞争者秉持自愿的、合作性的克制态度，而非成为咄咄逼人的竞争对手。完全消除竞争几乎是不可能的。即使是最激烈的经济战争，其目的也是实现共存，而非毁灭。竞争和相互蚕食是不会停止的，它们会永远继续下去。不过，这种竞争和蚕食会在某种程度的相互克制下进行。

冷战策略

如果双方坚持互不相容的武断立场，谈判破裂就不可避免了。然而，在某些重要的商业领域，某种程度的武断行为对保护公司自身利益是至关重要的。实际上，采取某种“边缘政策”是必要的。这一术语最初用来描述冷战时期的国际外交手段，但它也描述了商业领域的一种常规模式。

在一场对抗当中，双方是部分竞争、部分合作的关系。在这种情况下，一方如果想要判断可能的对抗结果，就需要对另一方的不妥协程度进行评估。这么做的目的是让对方相信你是武断的并且在情感上是坚定的，同时试图发现他真正可以接受何种结果，从而达成和解。冷静而有逻辑的竞争者处于极大的劣势地位。从逻辑上讲，他可以妥协，直到在合作中不拥有任何优势。而他如果是情绪化的、非理性的和武断的，反而会拥有很大的优势。

影　　响

对一家公司来说，商业战略的核心是促进竞争对手态度的变化，使他们要么克制自己，要么以公司管理层认为有利的方式行事。在外交和军事战略中，成功的关键大同小异。

最容易为人们所接受的强迫对手合作的方式是，表明公司将愿意使用不可抗拒或压倒性的力量。这虽然不需要什么战略技巧，但存在一个问题，即如何使与公司竞争的组织相信你会使用这种力量，也许实际上未必如此，因为使用这种力量花费高昂且不方便。

非逻辑战略

商业、外交和战争战略的目标是在征得竞争对手同意的情况下，产生一种对你有利的稳定关系。根据定义，竞争对手的克制就是合作。竞争对手的这种合作对他来说必须看上去是有利可图的。任何竞争如果最终没有消灭竞争对手，那么就需要与之合作来稳定局面。竞争者通常心照不宣地约定互不侵犯，否则除了一个竞争者外，其他人都要灭亡。一个稳定的竞争局面需要竞争各方达成协议，从而保持自我克制。这种协议无法通过逻辑来达成，必须通过情感上的力量平衡来实现。这就是为什么必须在竞争对手面前表现得非理性。出于同样的原因，在与客户和供应商的谈判中，你必须显得无理而武断。

在所有的现实情景中，竞争和合作都是息息相关的，否则，冲突只能以消灭竞争对手而告终。在所有冲突的情景中，都会出现这样的情况：较之希望从任何可预见的胜利中获得的利益，双方可以从和平中获益更多或损失更少。基于这一点，合作比冲突更有利可图。但他们如何分享利益呢？

在谈判式冲突情景中，冷静而有逻辑的谈判者处于极大的劣势。从逻辑上讲，他可以妥协，直到在合作中不拥有任何优势。如果能利用对手的逻辑性和非情绪化，武断或非理性的谈判者就会拥有极大的优势。武断或非理性的谈判者可能提出远超合理份额的要求，然而，冷静而有逻辑的谈判者则仍可能以妥协而非中断合作来获益。

彻底摧毁竞争对手几乎是无利可图的，除非竞争对手不愿意接受和平的结果。人们在日常的社会契约、国际事务及商务活动中虽然都拥有损害周围人的能力，但远远没有胆量这么做。正是由于双方心照不宣地克制各自潜在的侵略性，人们才没有最终被对方消灭。战争和外交机制的目的都是为了建立或维持这种自我克制。冲突会继续下去，但会限定在合作协议所默认的范围内。

我们可以把外交艺术描述为不讲道理而又不引起怨恨的能力。值得注意的是，外交的目标是在不使用实际武力的情况下，在更有利于自己而不是对手的条件下进行合作。

商业上的胜利更多的是赢在竞争对手的心里，而不是赢在实验室、工厂或市场中。让竞争对手深信你在商业战略方面具有情绪化、武断或其他类型的非理性特征，这可以成为你的一项巨大的资本。竞争对手的这一坚定信念可能导致他愿意接受你的各种行为而不报复，否则这种报复将会是无法想象的。更重要的是，由于他会预料到你的非逻辑或不克制的反应，所以他的竞争性攻击会受到抑制。

给战略规划者的规则

如果让我把以上描述的条件和力量提炼为针对商业战略规划者的建议，那么我会提出以下 5 条规则：

- 你必须尽可能准确地了解竞争对手与你接触时手中的筹码。不是你的得失，而是他的得失决定了他向你妥协的可能性。
- 竞争对手对你的筹码了解得越少，他所拥有的优势就越小。如果没有一个参考点，他甚至不知道你是否通情达理。
- 如果你希望取得谈判优势，那么绝对有必要了解竞争对手的性格、态度、动机和习惯行为。
- 你的要求越主观，相对地，你的竞争地位就越好，只要不引起对手的不良情绪反应就行。
- 你越是看上去不主观，实际上就越能够主观地行事。

这些规则构成了商业边缘政策的艺术。它们是在竞争对手心里赢得战略胜利的指导原则。一旦赢得了战略胜利，商人就可以将其转化为销售量、成本和利润等方面的竞争胜利。

资料来源："Brinkmanship in Business" by Bruce Henderson in *Henderson on Corporate Strategy*, Cambridge, MA: Abt books, 1979: pp. 27-33.

STRATEGY
BITES BACK

战略与诱惑艺术

珍妮·利特卡
Jeanne Liedtka

现在是属于“阴”的一篇。作者是隐喻大师利特卡，讲的是权力问题的另一面，而且是一个更加微妙的话题：战略是一门怎样的诱惑艺术。如果想让别人接受你的战略，那就诱惑他们。亲爱的，战略已经走过了很长一段路了！

战略的真正力量在于它的诱惑能力。如果领导者在制定战略的过程中能像重视推论一样重视诱惑，那么组织的情况就会有很大的改善。坦率地说，如果想获得战略性成功，就要用战略来善待员工，把他们当作情人而不是奴隶。

我花了很多时间跟管理者在一起，他们迫切想找到某种方法来重新激活因资源减少、需求增多而变得死气沉沉的员工队伍。和他们的对话往往让人感觉好像闯入了一个全国性的政治会议，现场充满了掩饰、假笑、家庭价值观以及各种各样的虚假。但是，当你剥去这些空洞的言辞，直达核心时，会发现一切还是老样子。这种“指挥与控制”的方式已经不像以前那样管用了，这背后的原因有很多，而且已经在其他地方讨论过无数次了。我认为解决问题归根结底是要让人们关心、改变并接受新的行为。如果战略制定的过程不能令人们更易于改变，那么它就是没有用的。如果按照现在的方式一切都很好，那干吗还谈论战略？

这对任何人来说都不是什么新鲜事。所有关于人类如何改变的理论都告诉我们，人们不会仅仅因为别人的要求就做出改变。然而，在我工作过的大多数组织中，战略几乎总是跟“告知”有关。战略与智慧不同，认为战略可以被“告知”的这一想法基于领导者所做的一系列错误的假设。其中最主要的一条假设是，领导者认为他们虚构出来的战略是真实的而且是正确的。由于他们把战略看作真实和正确的东西，而不是自己虚构的产物，所以他们相信只要沟通清楚，其他人就会把它看作真实而正确的，并为其实施而开展工作。当然，我们也不应该低估这样做的难度，但这条假设是不成立的。

没有任何战略是“正确的”，所有的战略都是虚构物。它们是人为设计的。商业不受自然法则的制约，战略并非 $E=mc^2$ 那种“被发现”的真理。商业领导者之所以编造战略，是因为他们希望未来与过去有所不同。这是好事，而且这样的虚构物发挥了有益的作用，这点我们在变革的理论中也有所了解。但是，由于领导者与自己的虚构物距离太近，并且由于这些虚构物源于他们看待世界的方式，所以领导者相信他们的战略对其他人来说也一样有说服力。毕竟，领导者通常会通过分析来“证明”其虚构物是正确的。但他们永远无法“证明”对未来可能的虚构设计是“正确的”，更不用说这种设计所用到的理论依据来源于对“现实”的单一看法。

回到最初的假设，用交友、婚配进行推论看看会有什么结果。在一个拥挤的房间里，我看到了我的梦中情人。我把他叫了出去，然后费尽心思、清楚地向他表白。我对我们的未来有诸多设想，也希望让他知道我所设想的未来是什么样子的，这样他就可以和我一起努力去实现。我耐心地列出了几条原因，以说明这样做是很有意义的，而且还做了电子表格进行证明。“毕竟我是真的想清楚了”，我解释说。我甚至可能把他的角色也告诉了他，并强调他的付出会大有收获。假如发现他似乎并没有像我期望的那样热切，我就耐心地把话再讲一遍。但结果令人费解——他礼貌地点点头，婉言谢绝，然后去了吧台。

成功的战略在旁观者的眼中是令人信服的、有说服力的。说得更生动一点，成功的战略是有诱惑力的。任何战略的真正力量都在于它提供机会从而诱导人们拥有一个共同的未来蓝图。请注意，我说的是诱导，而不是欺骗或操纵。这对领导者来说并不容易。毕竟，如今在大部分行业里，要想取得成功，就需要愿意对某些新而不同、前景有些不明而且危险的事物做出承诺，即走出过去成熟且有效的安全区，进入具有不确定性的未来。即使是行家里手，这一点也不容易让人接受。它非常像是冒险进入一段新的恋情。那么，商业领导者可以从永恒的诱惑艺术中学到什么呢？

首先，它以对话作为开始，而不是以命令开始的。当你发出邀请而不是命令时，如果对方欣然响应，那么效果是最好的。它需要接触，只有当你开始行动而不旁观，你才会参与其中。事实上，整个过程在愤世嫉俗的旁观者看来是非常好笑的，因为当你置身事外时，人们的纠结很容易成为你取笑的对象。

其次，不是随便什么对话都可以的。我们需要的对话首先要关注可能性，而不是关注风险、限制或不确定性。当然，所有其他内容最后都会出现在对话里，但过早地引出这些话题会破坏浪漫的氛围。（想想以下“露怯”的自我介绍可能造成的社交灾难：我这个人比较神经质、依赖性强，而且从过往经历来看，执行力也不太好。不过我一直在改进……）

再次，重要的是双方要有“化学反应”。双方要能碰撞出火花和激情。如果在对话中你从头到尾没有心跳加速，那么就有问题了。面对现实吧，大部分的战略对话就像情人之间的交谈一样令人兴奋。

又次，双方关系通常要经过一系列的互动才会有进展。这种互动是舞蹈，而不是独幕剧。期待一见钟情只会让你失望。用力过猛或用力过早会让你一败涂地。耐心是关键。你最好学会享受追逐的过程。

最后，控制是一种幻觉。根据定义，这个过程会令大多数人紧张不安、不舒服。他们通常会有一种滑坡的感觉，而且根本不确定自己是否做好了准备。但是，当最终“咔”的一声，各个部分都到位时，一切都显得那么真实，那么正确。

最后补充一句，良好的幽默感的确可以帮助你撑过最尴尬的时刻！

STRATEGY
BITES BACK

战略即文化，文化即战略

卡尔·维克
Karl Weick

现在有一个有趣的想法：文化和战略可能是可相互替代的，并且它们有着非常相似的功能。它们甚至可能几乎完全相同。请你想象一下，如果维克把他丰富的想象力用在使命、愿景、目的、目标、策略上，会发生什么呢？

> 文化是一个空白的，一个备受尊重的、空洞的鸽子笼。经济学家把它称为“品味”并敬而远之。大多数哲学家忽略了它，但这么做绝对是他们的损失。心理学家避之不谈，转而专注于儿童课题。历史学家根据自己的喜好歪曲它。大多数人，尤其是旅行社认为它很重要。（Douglas，1982）

下面列出的 4 段表述是从已发表的文章里逐字摘抄下来的。每段表述的第一个词都被删掉了。请你判断一下，缺失的词应该是“战略”，还是“文化”。

- ________的演化来自组织内部，而非组织的未来环境。

- ________是一种根深蒂固的、持续的、为组织指明方向的管理行为模式，而不是一个可操纵的、可控制的，并且每年随意变化的机制。

- ________是一个非理性的概念，源于公司管理者和员工所秉持的非正式的价值观，以及所依照的传统和行为规范，而不是一个由高管参与的、理性的、正式的、有逻辑的、有意识的、预先确定的思维过程。

- ________产生于众多员工经年累月采取的大量知情行动和决定的累积效应，而不是高管为了向组织传播而专门制定的"一次性"宣言。

我惊奇地发现这两个词用在每句话中都是合理的，就好像在组织中存在着一系列共同的问题。对于这些问题，一些人称之为文化，另一些人则称之为战略。让我们看一下转述自道格拉斯（Douglas，1982）和基辛（Keesing，1974）的关于文化的两种定义：

- 文化由内部一致的肯定、限制和许可模式所构成，而这些模式指导人们以大众认可的方式行事，并且使人们能够对他人进行评判，以及向他人证明自身方式的合理性。

- 文化由对同伴所知、所信和所想的一个人的理论以及他们所遵循的准则的理论所构成。行为者在解释陌生的事物和创建合理的事件时所参考的正是这个理论。

让我们带着上面的两种定义，看一下伯格曼（Burgelman，1983）对公司战略的描述：

> 公司战略的概念代表了公司对其过去的具体成就所做的理论性

的、较为明确的阐述。该理论定义了公司在任何时候的身份，并为这种身份的维持及战略活动的连续性提供基础。它引发了与其一致的进一步的战略举措。在规模庞大、多元化的主流公司里，公司的管理层通常以一个或多个运营部门负责人的身份赢得声誉，然后层层晋升。当跻身最高管理层时，他们已经形成了一个高度可靠的参考框架，以评估与公司业务有关的业务战略和资源配置的建议。高管的行为基本上遵循公司战略，其基本的战略假设不太可能改变。

上述 3 种定义所指对象的共同属性如下：

- 它们的对象是理论而非事实。
- 它们对表达和解释都有指导意义。
- 它们是回顾性的，总结了过去的决策和行动的模式。
- 它们具体体现在判断、创造、证明、肯定和许可等行动中。
- 它们是对过去的成就和有效的实践的总结。
- 它们提供了连续性、同一性以及一致性的世界秩序的建立方式，类似于某种法典或宇宙观。
- 它们具有社会性，总结了将自身行动与他人行动相契合的必要条件。
- 它们往往既不完全明确，也不完全清晰。也就是说，文化和战略的表达方式可能在细节上有所不同。
- 它们的实质在人们遇到陌生的情况时显现得最为清晰，即人们此时不会运用常规的认识。
- 它们是一种抗拒改变而且不可能改变的顽固的认识。

根据上述这些共同属性，我们得出以下几层含义。首先，战略和文化可能是可相互替代的。

如果价值观、信念和范例得到普遍的认同，那么完善的组织文化对各种活动可起到指导和协调的作用。相反，如果一个组织的特点是拥有大量不同而且相互冲突的价值观、信念和规范，那么领导者便无法指望他们的行动偏好会得到自愿和自动的贯彻执行；取而代之的是大量的指导和协调，如通过计划、程序、项目、预算等（Bresser and Bishop，1983）。

如果价值观、信念和规范之间相互背离而且更加异质化，那就更有必要进行详细规划。然而，更具可能性的是，各种详细的方案不会按预期实施，因为不同的解读方式会导致不同的行为结果。因此，文化与战略计划的相互替代可能存在非对称性。文化可以更有效地替代战略计划，反之则不然。

其次，我们遇到一个有趣的问题：到底战略是文化的产物，还是文化是战略的产物？少数志同道合的人组成的高科技公司可能会从共同的文化或共同的战略中获得最初的一致性。共同的战略通常由方法上的共识所构成，即我们在哪些方面做得比别人好；而共同的文化则由目的上的共识所构成，即我们在哪些方面的信念比别人更强烈。对新组织来说，每种形式的"共同"都可以代表一种完全不同的起点，对适应方式和适应能力也有着不同的影响。

再次，文化和战略具有显著相似性的另一层含义是两者可能具有共同的功能。这个功能就是强行建立一致性、秩序和价值。

最后，第四层含义是这种一致性可能是一种责任。关于"我们是谁"的一致性阐述使我们更难变成其他事物。强势的文化就是顽固的文化。由于顽固的文化可能是一种僵化的文化，它对机会的变化察觉缓慢，哪怕察觉到机会，也不能快速地做出改变，因此强势文化可能会沦为落后的、保守的适应性工具。

资料来源：From the article originally entitled "The Significance of Corporate Culture" by Karl Weick in Peter J. Frost et al., *Organizational Culture*, pp. 381-389, copyright by Sage Publications. Reprinted by permission of Sage Publications, Inc.

STRATEGY
BITES BACK

摧毁文化的 5 步法

亨利·明茨伯格
Henry Mintzberg

在上一篇“豆腐块”文章中，维克声称，文化是很难改变的。他在其他文章中解释过文化难以改变的原因：组织并不拥有文化，组织就是文化。但在本篇“豆腐块”文章中，明茨伯格对此表示不敢苟同。在明茨伯格看来，从某种意义上说，文化出乎意料地容易改变。摧毁一种文化只需 5 步：

- 第一步，设定底线（类似于通过理财来赚钱）。
- 第二步，为每项行动都制订计划：没有自发的行动，就没有学习。
- 第三步，把管理者调来调去，这样他们除了好好管理，其他一概不知（还要把老板架空，最好让其管理公文而非实际的业务）。
- 第四步，总是保持客观，即把人当作物体来对待（特别是像买卖机器一样聘用和解雇员工——一切都是投资，每个人都是人力资源）。
- 第五步，凡事都按照这里所讲的 5 个简易步骤来做。

STRATEGY
BITES BACK

破坏性文化是如何形成的

汤米·怀斯曼
Tommy Wiseman

在这篇“豆腐块”文章中，我们会弄清楚破坏性文化是如何形成，又是如何自我延续的。其实它与建设性文化很相似，只不过是出于错误的原因而形成的。如果说维克发现了文化与战略的密切关系，那么我们不妨在此思考一下文化与政治的关系：两者的差别真的没有那么大，从某种意义上说，它们是相互强化的。这是结束有关文化与政治“阴阳关系”的讨论的一个不错的结尾。

将五只猴子关在笼子里，然后在笼子里挂一根香蕉，香蕉下面放一组台阶。不久，一只猴子走到台阶前，开始向香蕉爬去。它刚一摸到台阶，就会有冷水喷向其他猴子。过了一会儿，另一只猴子也试了一下，结果还是一样：其他猴子都被喷了冷水。很快，当另一只猴子试图爬上台阶时，其他猴子就会阻止它。

现在，把喷水器关闭。从笼子里放出一只猴子并放进去一只新猴子。新猴子看到香蕉就想爬上台阶。令它惊讶和恐惧的是，它遭到了所有猴子的攻击。在又一次尝试和被攻击后，它知道自己如果试图爬上台阶，就会遭到殴打。

接着，从原来的五只猴子中再放走一只，然后换上一只新猴子。新来的猴子走向台阶时依然会被攻击。之前的那只新猴子也兴致勃勃地参与了攻击。同样，用新猴子替换掉第三只原来的猴子，然后是第四只、第五只。每次最新来的猴子走向台阶时都会被攻击。而此时，所有攻击它的猴子都不知道为什么不能爬楼梯，也不知道为什么要殴打新来的猴子。在替换掉所有原来的猴子后，剩下的猴子中没有一只被喷过冷水。然而，没有一只猴子会再接近台阶去尝试摘那根香蕉。

为什么不呢？因为据它们所知，这就是笼子里的猴子一直以来的做事方式。朋友们，这就是公司政策的开始。

STRATEGY
BITES BACK

结语

最后的精神食粮

力求简化，并加以质疑。

——怀特海

了解一些问题，要好过知道所有答案。

——美国漫画家詹姆斯·瑟伯（James Thurber）

狐狸足智多谋，但刺猬一招制敌。

——古希腊抒情和讽刺诗人
阿基洛科斯（Achilochas）

殊途同归。

——成语

IT IS FAR MORE, AND LESS,
THAN YOU EVER IMAGINED...

写到这里，按照惯例，我们应该把所有内容汇总起来，并揭示能够解决读者所有战略问题的神奇答案。如果抱着这种念头，那你看的肯定是其他书。本书已阐明了自己的观点，即战略就是：

- 小黑裙和皇帝的新装。
- SWOT 分析模型和魔法。
- “马桶大战”。
- 金牛和聪明的蜜蜂。
- 艺术、手艺、科学。
- 战略排排坐。
- 且远不止这些。
- 也远不及这些。

制定战略就是评判式设计、直觉式设想和应急式学习；需要个人思考与社会互动既有合作又有冲突；可以包括事前分析、事中想象及事后规划。

任何不含上述内容的答案都是在帮倒忙，因为谈到战略，一两句话是讲不清楚的。当然，除此之外，为了确保自己对制定战略的目的有着深刻的理解，你要采取引人注目的、积极的且负责任的行动，并且有勇气用眼去看、用脑去想、用心去做。

出于鼓励上述做法的目的，我们将一系列观点集结于本书并出版。

STRATEGY
BITES BACK

做自己身体的 CEO

露西·凯拉韦
Lucy Kellaway

本书的开篇是凯拉韦的一篇看似与战略无关却又处处相关的"豆腐块"文章。那么，在本书快要结尾的时候，我们再来看一篇她的"豆腐块"文章吧。这篇文章很吸引人，并且同样与战略看似无关而又处处相关。

减肥和赚钱，哪个更难？你或许认为这个问题问得不好，这不是把苹果和橘子进行比较，而是把苹果和公文包进行比较。之所以问这个问题，是因为我最近一直在看一本节食类的新书《瘦身商业计划》（*The Business Plan for the Body*）。这本书在美国一经出版就获得了强烈的反响，并且刚刚在英国出版。

这本书中提出这样一个概念：最好把节食当作一项类似于企业经营的活动来对待。书中说，我们每个人都是自己身体的 CEO。每个 CEO 都需要一项计划——比尔·盖茨需要商业计划来打造微软，而我们也需要这样的计划来减肥。第一步是提出节食的使命宣言。作者吉姆·卡拉斯（Jim Karas）是一名 MBA，也是一名私人教练，他对此要求很严谨。宣言里必须写上"我正在从事减肥业务"，并且要提减重的具体目标。

一旦有了自己的目标，第二步就是公开募股。你需要将新业务公之于众。你要做演示并进行路演，把你要做的事情告诉大家。完成后，你要安排与“管理团队”的会议，并让他们加入进来。你的“管理团队”也许包括你的朋友、配偶、子女、同事和老板。

节食商业计划书的背后是一个基本的等式。其中，收入是摄入的食物，支出是消耗的卡路里，利润就是减掉的体重。

投资是运动，而资本是肌肉。你处理着各种数字，并且看着体重往下掉。如果你觉得上述任何一点做起来都太难了，卡拉斯先生就会以管理顾问的身份入场，不过费用是每周 10 000 美元。

从一开始，我就对“做自己身体的 CEO”这种说法表示怀疑。这句话不是同义反复，就是无稽之谈。即使是比喻，我也不喜欢它。如果我是自己身体的 CEO，那么谁是董事长？谁是股东？如果我是 CEO，那么身体各部分一定就是员工了。如果是这样，那我应该能把他们中的很多人都炒了，然后雇用一些更好看的人来代替他们。

节食的使命宣言与企业的使命宣言有着更强的相似性，不过这也没什么好兴奋的。节食的使命都是一样的，而大部分企业的使命也是一样的，如“让客户开心”“为所有利益的相关者提供卓越的回报”等。正如大部分企业的使命并不能帮助它们赚钱一样，对节食的目的进行说明也不可能帮助节食者变瘦。

至于路演，我承认告诉别人你在节食是有点道理的，因为这让你更难在公众场合大吃特吃奶油甜甜圈。然而，这里有一个个人风格的问题：召开会议来阐述自己在饮食习惯上的改变不是我与人们建立关系的方式。

那个数学等式也困扰着我。商业的基本原则是，努力使收入最大化，并使成本最小化。节食肯定是反过来的，即尽可能使进食量最小化而运动量最大化。你可能会说我太抠字眼、太英式。相反，亚马逊上的美国读者则比较宽容，有条评论这样感叹：“食物是‘收入’，减轻的体重是‘利润’。不知怎么的，我觉得这些话挺有道理，以前还从没听说过！”

我不明白，像节食这样概念简单的事物，怎么会因为参考了商业的概念而变得更容易掌握，毕竟，商业比节食复杂得多。我们只能假设节食类的书籍已经变得过于牵强且充满了伪科学，相比之下，卡拉斯的这本书反而更易理解。

的确，这本书说明节食类的书籍将会遇到麻烦。我曾经认为商业类的书籍最没有创意，因为它们总是不得不披着其他题材的“外衣”来让自己看起来更有吸引力，比如有的书认为商业像运动、像表演、像莎士比亚、像战争……桶已经空了，但作家们仍在里面搜刮。其中，最新的概念是“柔道营销”和“草根管理”，它们分别勾勒了武术和草坪维护在商业上带给我们的经验和教训。《瘦身商业计划》彻底颠覆了这个过程。不客气地说，节食这一题材已经枯燥乏味到了极点，所以不得不求助商业来让它看起来更丰满一些。

前面这些都没有回答开头的问题：减肥和赚钱，哪个更难？要想减肥，你需要做的就是不要吃得太多，要时常离开沙发。这是一项独自完成的事业，因为它只关乎一个人的饮食和起居，而且如果减肥大业不见起色，那也只能怪自己。

赚钱当然更难。你需要有一个好想法，需要在正确的时间进入正确的市场。你需要努力工作，并激励你的员工也努力工作。你要依靠经济形势，依靠运气，依靠你自己及他人的技能。

这样来说，节食更容易，对吗？错了。两者都很难，在尝试这两者的人中，失败者远远多于成功者。不过，从我所认识的人来看，节食更难：在商业上获得成功的倒有几个，但减掉几斤后不反弹的却寥寥无几。

我不明白为什么会这样。但我确信，卡拉斯为自己开创了一项大事业。失业的管理顾问们，学着点。

资料来源：*Financial Times*, January 13, 2003, London Edition 1, p. 9.

STRATEGY
BITES BACK

如何优雅地烹饪战略

最后，如果你以为我们会在本书的结尾放上某种制定战略的秘诀，那你就错了。我们放了两个烹饪方法。

战略蛋奶酥。将“市场预期”预热到500摄氏度，然后给外部审计师和董事们涂上黄油[①]。将“利润”煮沸，熄火并放在一边备用。开小火将“费用”熔化。放入“特别融资”，大力铲成碎块。加入蓬松的“收入”，慢慢搅拌至体积翻倍，并把火调到分析师满意的大小。将搅拌好的材料倒入事先准备的盘子里，烘烤至蓬松且顶部金黄。出炉时，给经纪人打电话，然后趁蛋奶酥还没垮时享受美味。如此制作38亿份。

出于对战略的热爱。“你并不需要完全遵循食谱，它是一张可自由发挥的画布。给这个调调味，加上一两滴那个，再撒上一小撮别的什么。让你的口腔和舌头、眼睛和心灵引导你。换句话说，要以你对食物的热爱为指导，这样你就会烹饪了。”法国传奇名厨、烹饪作家罗杰·韦尔热（Roger Vergé）如是说。

---

① 原文“butter up”，也有巴结、恭维的意思。——译者注

视角 1　基于 SWOT 分析模型的战略

Kelly, F. and Kelly H. M. (1986) *What They Really Teach You at the Harvard Business School*, New York:Warner.

Lieber, R. (1999) "Learning and Change - Roger Martin" , *Fast Company*, 30, December 1999: p. 262.

视角 2　谨慎规划的战略

Fayol, H. *General and Industrial Management*, London: Pitman, pp. 43-53; first published in 1916.

Feld, M. D. (1959) "Information and Authority: The Structure of Military Organization" , *American Sociological Review*, XXIV, 1, 1959, pp. 15-22.

Lorange, P. (1980) *Corporate Planning: An Executive Viewpoint*, Englewood Cliffs, NJ: Prentice-Hall.

Makridakis, S. (1990) *Forecasting, Planning, and Strategy for the 21st Century*, New York: Free Press; also extracts from the 1979 draft.

Stokesbury, J. L. (1981) *A Short History of World War I*, New York: Marrow.

Taylor, F. W. (1913) *The Principles of Strategic Management*, New York: Harper and Row.

Wildavsky, A. (1974) *The Politics of the Budgetary Process*, 2nd edition, Boston, MA: Little, Brown.

Armstrong, J. S. (1978) "Forecasting with Econometric Methods: Folklore versus Fact" , *Journal of Business*, Vol. 51, 4, 1978, pp. 549-564.

Devons, E. (1961) *Essays in Economics*, London: Allen and Unwin.

Galbraith, J. K. (1982) "You can't argue with a monetarist", a feature article in *The Christchurch Press*, 23 September 1982; from the London Observer Service.

de Givry, G. (1971) *Witchcraft, Magic and Alchemy*, New York: Dover; first published in French, 1931.

Gluckman, M. (1972) *The Allocation of Responsibility*, Manchester University Press, p. 37.

Jahoda, G. (1970) *The Psychology of Superstition*, New York: Pelican, p. 127.

Langer, E. J. (1975) "The Illusion of Control" , *Journal of Personality and Social Psychology*, 32, 1975, pp. 311-328.

Makridakis, S. and Hibon, M. (1979) "Accuracy of Forecasting; An Empirical Investigation" , *Journal of the Royal Statistical Society* (A), 142, 2, 1979, pp. 97-145.

Malinowski, B. (1951) *Magic, Science, Religion and Other Essays*, quoted in Romans, G. C., *The Human Group*, London: Routledge Kegan Paul, pp. 321-323.

Moore, O. K. (1957) "Divination-A New Perspective" , *American Anthropologist*, 59, 1957, pp. 69-74.

Perlmuter, L. C. and Monty, R. A. (1977) "The Importance of Perceived Control: Fact or Fantasy?" , *American Scientist*, 65, 1977, pp. 959-964.

视角 3　根据计算得出的战略

Porter M. E. (1980) *Competitive Strategy: Techniques for Analyzing Industries and Competitors,* New York: Free Press.

Porter M. E. (1985) *Competitive Advantage: Creating and Sustaining Superior Performance,* New York: Free Press.

Devons, E. (1950) *Planning in Practice, Essays in Aircraft Planning in War-Time*, Cambridge: The University Press.

Ijiri, Y., Jaedicke, R. K. and Knight, K.E. (1970) "The Effect of Accounting Alternatives on Management Decisions" in A. Rappaport, Ed., *Information for Decision-Making*, Englewood Cliffs, NJ: Prentice Hall, pp. 421-435.

视角 4　以愿景为蓝图的战略

Baughman, J. P. (1974) *Problems and Performance of the Role of the Chief Executive in the General Electric Company,* 1882-1974, working paper Graduate School of Business Administration, Harvard University.

Kotler, P. and Singh, R. (1981) "Marketing Warfare in the 1980s" , *Journal of Business Strategy*,Winter, 1981, pp. 30-41.

Levitt, T. (1960) "Marketing Myopia" , *Harvard Business Review*, July/August, 1960, pp. 45-56.

Normann, R. (1977) *Management for Growth*, New York: Wiley.

Steiner, G. A. (1979) *Strategic Planning; What Every Manager Must Know*, New York: Free Press.

Hammer, M. and Champy, J. (1993) *Reengineering the Corporation*, New York: HarperCollins.

视角 5 头脑里的战略

Wason, P. C. and Johnson-Laird P. N. (1972) *Psychology of Reasoning: Structure and Content*, London: Batsford..

视角 7 有两副面孔的战略

Benveniste, A. (1972) *The Politics of Expertise*, Berkeley, CA: Glendessary Press, pp. 105-118.

Cohen, S. S. (1977) *Modern Capitalist Planning: The French Model*, Berkeley, CA: University of California Press, p. xv.

Cohen, M. D. and March, J. G. (1976) "Decisions, Presidents and Status" in March, J. G. and Olsen, J. P., Eds, *Ambiguity and Choice in Organizations*, Bergen, Norway: Universitetsforlaget, p. 195.

Langley, A. (1988) "The Roles of Formal Strategic Planning" , *Long Range Planning*, 21, 3, 1988, pp. 40-50.

Lorange, P. and Vancil, R.F. (1977) *Strategic Planning Systems*, Englewood Cliffs, NJ: Prentice Hall, p. 16.

Nutt, P. C. (1984) "A Strategic Planning Network for Non-Profit Organizations" , *Strategic Management Journal*, 5, 1, January/March, 1984, pp. 57-75.

Summers, H. G. Jr. (1981) *On Strategy: The Vietnam War in Context*, Strategic Studies Institute, US Army College.

Wildavsky, A. (1973) "If Planning is Everything Maybe It's Nothing" , *Policy Sciences*, 4, 1973, pp. 127-153.

Bresser, R. K. and Bishop, R.C. (1983) "Dysfunctional Effects of Formal Planning: Two Theoretical Explanations" , *Academy of Management Review*, 8, 1983, pp. 588-599.

Burgelman, R. A. (1983) "A Model of the Interaction of Strategic Behavior, Corporate Context, and the Concept of Strategy" , *Academy of Management Review*, 8, pp. 61-70.

Douglas, M. (1982) "Cultural Bias", *In the Active Voice*, London: Routledge and Kegan Paul, pp. 183-254.

Keesing, R. M. (1974) "Theories of Culture", *Annual Review of Anthropology*, 3, 1974, pp. 73-97.

未来，属于终身学习者

我这辈子遇到的聪明人（来自各行各业的聪明人）没有不每天阅读的——没有，一个都没有。巴菲特读书之多，我读书之多，可能会让你感到吃惊。孩子们都笑话我。他们觉得我是一本长了两条腿的书。

——查理·芒格

互联网改变了信息连接的方式；指数型技术在迅速颠覆着现有的商业世界；人工智能已经开始抢占人类的工作岗位……

未来，到底需要什么样的人才？

改变命运唯一的策略是你要变成终身学习者。未来世界将不再需要单一的技能型人才，而是需要具备完善的知识结构、极强逻辑思考力和高感知力的复合型人才。优秀的人往往通过阅读建立足够强大的抽象思维能力，获得异于众人的思考和整合能力。未来，将属于终身学习者！而阅读必定和终身学习形影不离。

很多人读书，追求的是干货，寻求的是立刻行之有效的解决方案。其实这是一种留在舒适区的阅读方法。在这个充满不确定性的年代，答案不会简单地出现在书里，因为生活根本就没有标准确切的答案，你也不能期望过去的经验能解决未来的问题。

而真正的阅读，应该在书中与智者同行思考，借他们的视角看到世界的多元性，提出比答案更重要的好问题，在不确定的时代中领先起跑。

湛庐阅读 App：与最聪明的人共同进化

有人常常把成本支出的焦点放在书价上，把读完一本书当作阅读的终结。其实不然。

时间是读者付出的最大阅读成本

怎么读是读者面临的最大阅读障碍

“读书破万卷”不仅仅在“万”，更重要的是在“破”！

现在，我们构建了全新的“湛庐阅读”App。它将成为你“破万卷”的新居所。在这里：

- 不用考虑读什么，你可以便捷找到纸书、电子书、有声书和各种声音产品；
- 你可以学会怎么读，你将发现集泛读、通读、精读于一体的阅读解决方案；
- 你会与作者、译者、专家、推荐人和阅读教练相遇，他们是优质思想的发源地；
- 你会与优秀的读者和终身学习者为伍，他们对阅读和学习有着持久的热情和源源不绝的内驱力。

本书阅读资料包

给你便捷、高效、全面的阅读体验

本书参考资料

湛庐独家策划

- 参考文献
  为了环保、节约纸张，部分图书的参考文献以电子版方式提供
- 主题书单
  编辑精心推荐的延伸阅读书单，助你开启主题式阅读
- 图片资料
  提供部分图片的高清彩色原版大图，方便保存和分享

相关阅读服务

终身学习者必备

- 电子书
  便捷、高效，方便检索，易于携带，随时更新
- 有声书
  保护视力，随时随地，有温度、有情感地听本书
- 精读班
  2~4周，最懂这本书的人带你读完、读懂、读透这本好书
- 课　程
  课程权威专家给你开书单，带你快速浏览一个领域的知识概貌
- 讲　书
  30分钟，大咖给你讲本书，让你挑书不费劲

湛庐编辑为你独家呈现
助你更好获得书里和书外的思想和智慧，请扫码查收！

（阅读资料包的内容因书而异，最终以湛庐阅读App页面为准）

图书在版编目（CIP）数据

浙江省版权局
著作权合同登记号
图字:11-2022-194号

战略反击 / (加) 亨利·明茨伯格
(Henry Mintzberg) , (加) 布鲁斯·阿尔斯特兰德
(Bruce Ahlstrand) , (加) 约瑟夫·兰佩尔
(Joseph Lampel) 著 ; 张宝译. -- 杭州 : 浙江教育出
版社, 2023.2
ISBN 978-7-5722-5260-0

Ⅰ. ①战… Ⅱ. ①亨… ②布… ③约… ④张… Ⅲ.
①战略反攻—文集 Ⅳ. ①E813-53

中国国家版本馆CIP数据核字(2023)第015671号

上架指导：管理 / 战略

战略反击
ZHANLUE FANJI

[加] 亨利·明茨伯格（Henry Mintzberg） 布鲁斯·阿尔斯特兰德（Bruce Ahlstrand）
约瑟夫·兰佩尔（Joseph Lampel） 著
张 宝 译

责任编辑：王冠芬
文字编辑：安 烁
美术编辑：韩 波
责任校对：童炜炜
责任印务：刘 建
封面设计：ablackcover.com
出版发行：浙江教育出版社（杭州市天目山路 40 号 电话：0571-85170300-80928）
印　　刷：石家庄继文印刷有限公司
开　　本：710mm ×965mm 1/16　　插　　页：1
印　　张：17.75　　字　　数：272 千字
版　　次：2023 年 2 月第 1 版　　印　　次：2023 年 2 月第 1 次印刷
书　　号：ISBN 978-7-5722-5260-0　　定　　价：99.90 元

如发现印装质量问题，影响阅读，请致电 010-56676359 联系调换。